U0942270

# 屬靈品格的建立

認識屬靈的操練、品格與價值觀

郭鴻標　著

教會事工系列
栽培事工

基道出版社

▼

教會事工系列 · 栽培事工

# 屬靈品格的建立

## 認識屬靈的操練、品格與價值觀

## Nurture the Spiritual Virtues

Revisioning the Spiritual Exercises, Virtues and Values

作者
郭鴻標
Kwok, Benedict H.B.

執行編輯
鄧英偉

裝幀設計
奇文雲海

■

出版／發行
基道出版社
香港沙田火炭坳背灣街26號富騰工業中心1011室
LOGOS PUBLISHERS
Unit 1011, Fo Tan Ind. Centre, 26 Au Pui Wan St., Shatin, Hong Kong
電話：(852) 2687-0331 傳真：(852) 2687-0281
網址：http://www.logos.com.hk

承印
海洋印務有限公司

●



12/2007 初版
Cat. No. LP361
ISBN: 978-962-457-348-0



刷次 10 9 8 7 6 5 4
年份 2016 2015 2014

# 曾 序

剛讀畢郭鴻標牧師新著《事奉生命的建立》，書中的信息正縈繞在我心中，在我的事奉生命作出反省回應之時，頃接郭牧師從德國艾利冷根發出邀請的電郵，為他另一本新著《屬靈品格的建立》作序，自然義不容辭，立即從網上讀畢此書的全部內容。

本書應是繼其《事奉生命的建立》之講章集後，出版之第二部講章集，以其中一篇講章〈屬靈品格的建立〉為本書題目。相信這兩書是郭牧師多年來在不同堂會向信徒宣講之紀錄，從中選輯二十四篇出來。而本書要旨可從其中一篇〈平等交往〉看出來，重視學術研究的郭牧師認為，屬靈生命成長並不等於聖經及神學知識的增加，聖經知識若果不能影響信徒的性格改造、價值觀重整，那麼知識只是一些沒有生命的資料，因為大部分靈性生命成長的難題大多出於性格問題上。

筆者絕對同意郭牧師所言，這也是對現代信徒，尤其基督徒知識分子的重要提醒。郭牧師是分量十足的神學家，他剛獲得建道神學院授予張慕皚教席教授榮銜，充分證明他的學術成就獲得肯定。然而，他又卻是一位重視敬虔操練和懷有牧者心腸的牧師。這些講章正顯示其牧養信徒之情懷：他願所有信徒在追求知識學術之餘，必須正視屬靈品格之建立。我與郭牧師同工多年，從交往及觀察中，深深敬佩他是言行一致、理性思考與敬虔生活結合（他很自律，又倚重禱告敬拜）、神學研究與牧養宣教結合的牧者。他無疑是很有學問，學貫中西文化和哲理的人，然而卻是謙謙君子，對人有禮，反映其內在品格之操練的實在性，重視自省，檢視內心，是在聖靈提醒裏被神話語改變的人。為此，他極盼望以其能如此結合的美好生命品格見證來勸訓眾信徒，極具説服能力。

在這些講章中，筆者看見郭牧師的言辭勸説都是很有聖經和神學理據的，又著意現時道德倫理的應用，和鼓勵信徒多作有深度的屬靈操練，這些均反映他本人研究系統神學、倫理學和靈修學之結合的精妙。而且他時事觸覺非常敏鋭，在各講章中均看見他評論講道時之社會問題及時事趨勢，充分反映他的宣講是針對處境，作適時適切的教導與勸訓，給人覺得他的信息是很落實「到地」的，接近現實。這也是今時牧者講道所必須具備的認知，故牧者從閱讀這些講章中學習如何傳講「時代性的信息」。再者，郭牧師對教會生態和社會時弊也勇於從神學角度加以批判，也坦白道出現時一些錯誤價值之事。最難得的是，郭牧師在不少講章中述及其個人成長歷程，其出身背景、其信主及求學、獻身修讀神學、過往事奉體驗及家庭生活狀況，因此讀其講章可更認識郭牧師之個人故事，十分有親切感。故本書實在可做到「以生命影響生命」的效果。

在現世品格失落的時代，人只重視外在形像、求業績的工作表現、講求成功和有回報率的氛圍中，願我等信徒則以基督重視人內在品格、屬靈氣質作為我們追求踏實生命的指標。我誠意推薦這本書給那些願意重建美好屬靈品格的人。

曾立華
建道神學院滕近輝教席教授
教牧學博士課程主任
宣道會西環堂顧問牧師
二〇〇七年十一月二日

# 自 序

自八十年代起，屬靈操練成為一個備受關注的信仰生活課題。有同道提出華人教會偏重理性，處處嘗試以一套套的課程和活動規劃基督徒成長的程序。可惜急劇多變的生活令人無法在這類標準化的教導模式底下處理那些複雜的經歷。因此，重視經歷和感覺的屬靈取向成為不少信徒的出路。整個九十年代是應付九七危機和進入後過渡時期，大家在心靈上承受沉重的壓力，渴求被釋放和得能力。進入公元二千年，世紀危機促使人尋找真正的意義和價值。愈來愈多人寧願追尋意義而不再沉醉於追尋個人的成功。因此，生命更新重整成為時代的信息。

究竟我們如何經歷生命更新重整呢？我們如何找到生命

師傅呢？筆者回港十年，今年獲建道神學院安息年假期，重返德國，追尋上帝在我人生歷程的軌迹。在整理自己的神學思想的時候，發現上帝引領我的神學興趣從系統神學、靈修學到倫理學，形成一個理論與行動的結合、理性思考與敬虔生活的結合、神學研究與牧養宣教的結合。筆者十分享受禮儀崇拜，聆聽古典聖樂，沉浸於歷代屬靈偉人的禱告內容。這種往內心探索貼近上帝的願望促使我對「在基督裏」及「與主聯合」觀念的喜愛。近年接觸德行倫理的思想，促使我把與上帝相遇、醫治內心創傷的關注，延伸至品格的塑造方面。

若果我們只是陶醉在心靈治療的層面，卻沒有正視生命中性格的弱點，我們極可能藉信仰進行自我逃避。筆者發現安靜獨處與上帝相交是美好的，不過上帝沒有要求我們離羣獨處、擺脫上帝所創造的世界。上帝的救恩改變我們生命的方向、生命的價值觀、生命的內涵，更重要的是建立我們屬靈的品格，使我們可以事奉上帝。筆者感謝上帝的恩典，經歷屬靈生命更新和重整，面對自己性格上的缺點，藉上帝的愛改變。筆者在德國兩個多月，在讀經的時候常常對主耶穌憐憫人有深刻的感受。當我們講「屬靈的品格」的時候，並不是講一堆「道德八古」或者講一些「為人民服務」這類連推動政治宣傳的政客都不會相信和實踐的口號。我們講「屬靈的品格」，是針對內心的態度，藉神的恩典改變。從前我們不懂得憐憫人，現在學習感到被虧待的時候，反過來設身處地為他人著想，體諒人性中「自我防禦機能」是自然反應一部分，人在缺乏安全感的時候會拒絕任何外來的影響，無論善意惡意，對一個感覺受威脅的人來說，一切都對他不利。當筆者遇見那些「跑江湖的教會名嘴」那種大明星作風，我更加覺得我們需要從「小人物」階段培養屬靈的品格。主耶穌吩咐我們愛那些被忽略的人，懷著憐憫的心服事有難處的人。我們不是要變得完全才有資格講「屬靈品格」，我們在自己當下的處境走出自我中心的想法，為主的緣故愛那些對我來說不可愛的人。就是在如此微小的事情中，我們一步步被上帝改變，培養「屬靈的品格」。

筆者感謝內子潤敏將講章輸入電腦，自從第三名孩子出生後，在忙於照顧家庭各人的責任上百上加斤，無法抽出時間處理筆者的講章。感謝神，幾位姊妹義務幫助中文打字，令文稿可以進一步讓出版社同工編輯，在此表達對黃雪梅姊妹、Mandy姊妹、朱心愛姊妹的謝意，願上帝報答她們。筆者獲得基道出版社支持，把過去關於屬靈品格建立的講章結集成書，實在多謝基道出版社同工的鼓勵和編輯工作，願神報答。筆者這部講章集，全書內容分三部分：第一部分是屬靈操練的基礎、第二部分是價值觀重整、第三部分是屬靈品格的塑造。筆者衷心多謝建道神學院曾立華教授撰寫序言，令拙作生色不少。筆者十七歲信主，在教會被造就成長，蒙召奉獻，經過三十年才更加明白屬靈品格成長的道理。回想起來，我不能不答謝啟蒙我屬靈生命的教會，願把這本書獻給香港基督教門諾會，願上帝祝福這教會建立更多人的屬靈品格。

# 目錄

曾　序 …v

自　序 …ix

第一部：屬靈操練

1. 這是一個甚麼世代 …2
2. 現代人的屬靈生活 …9
3. 屬靈生命成長三大要素 …13
4. 在聖靈裏的生活 …20
5. 與基督聯合 …29
6. 靠主得勝 …41
7. 仰望上帝 …49

第二部：價值觀重整

8. 注目永恆 …58
9. 眼望永恆 …67
10. 我們要甚麼？ …75
11. 信徒要追尋甚麼？ …84
12. 如何經歷豐盛的生命 …91
13. 重新做人 …100

第三部：操練屬靈品格

14. 認識上帝與虛己 …108
15. 耶和華衡量人心 …121
16. 與上帝同行的三種素質 …130
17. 向著標竿直跑 …136

18. 求主的愛充滿我 …146

19. 行事為人要對得起主 …155

20. 上帝的差遣 …161

21. 信徒與門徒 …167

22. 善惡二律之爭 …178

23. 平等交往 …188

24. 各盡其職 …195

# 第一部　屬靈操練

# 1 這是一個甚麼世代

## 賽六 1~8

當我們要思考如何建立屬靈品格時，首先值得考慮的，是我們身處一個怎樣的世代，這個世代怎樣模塑了我們。一位同事在分享時指出，信徒現在傾向將上帝由遙遙的天國拉到人間，著重上帝的同在，以及祂體恤人的需要，卻失卻了對上帝的崇敬。這情況，最明顯見於教會的崇拜。所以，我挑選了以賽亞書的經文，讓我們一同思考這段經文對我們的提醒。

### 上帝觀的錯置

以賽亞書六章1至3描述上帝的神聖，上帝是創天造地的上帝，是一位輕慢不得的上帝。我們參與崇拜是朝見永生的上帝，不是像其他宗教人士，到寺廟參神。我們要好好預備自己，到教堂敬拜上帝，並非趕急匆忙，又或者在安排好其他節目後抽一些時間到教堂。在主日裏，我們學習分別為聖，將手上的工作放下，專心敬拜上帝。

主日崇拜每個環節都十分重要，我們要參與投入其中，而不是作觀眾。六十年代起，羅馬天主教會將聖壇移到教堂較中間的位置，目的是要傳達上帝在人羣中間的信息。傳統的教堂將聖壇緊貼牆壁，表達人向上帝敬拜。在聖餐禮的時候，牧師面向聖壇將餅酒祝聖。而近年的禮儀方式有所改變，在聖餐禮的時候，牧師面向會眾祝聖餅酒，表示上帝的捨命成為人的益處。這個趨勢使人覺得上帝並非高不可攀，遙不可及。因此，耶穌是我知心友，這個形像漸漸成為主流。發展下去，就是我們努力讓未信者覺得上帝會認同他們，甚至用大眾化詞彙表達信仰，例如「穌哥show」、「上帝是我的老闆」……。我們不自覺地在這種教會文化中成長。

我在神學院教授理論科目，會從神學角度反省教會的現象。有些牧者分享年青一代的牧養工作十分困難，他們的文化與成年人不同，更加與老年人不同。在神學上，我們需要一個指導思考的起點。我相信問題的關鍵就是上帝觀的錯置，偏重上帝的臨在，忽視上帝的超越性。這個錯誤的上帝觀引致眾多問題，其中一個問題，就是過分以自我為中心，以人的喜好決定教會的事務。

## 一個失卻神聖感的世代

不少弟兄姊妹覺得神學訓練並不重要，牧者多數是讀書不成，才奉獻傳道。因此，他們會認為該由自己構思事工發展大計，然後才交由牧者執行。這也是將上帝人性化的後遺症。他們不尊重上帝的崇高威嚴，亦不會尊重牧者。結果，他們以為牧者只不過是提供屬靈活動服務，而不是牧養人心靈的人。

通常這些教會都會因為內部消耗而停滯不前。縱使有恩賜，但會友卻避免人際衝突，不願意投入參與。結果，積極事奉的少數人，內心就充滿矛盾壓力，缺乏事奉的喜樂和能力；有些則抱著救世者情結，充當四處撲救火頭的消防員；大部分人則以消費主義心態享受教會提供的屬靈活動。這就是一個失卻神聖感的世代的表現。從教會事工的策略調整上，我們需要幫助弟兄姊妹明白牧者屬靈領導的重要，同時更重要的，是幫助弟兄姊妹尊重這位萬軍的耶和華上帝，要謙卑尋求上帝的心意行事，不要以人的想法、人的價值標準行事。一個尊重上帝、尊貴榮耀的人，並非將上帝視為不吃人間煙火，而是平衡地強調上帝既高高在上，超越人的思想，卻願意降臨人間拯救世人。上帝偉大的愛正好表明上帝更加值得我們歌頌敬拜。

## 一個與罪惡妥協的世代

六章4至5節描述，以賽亞看見上帝的榮耀之後，就發覺自己的罪惡，並且同時活在罪惡之中。以賽亞從上帝的角度看自己，發現自己人性的黑暗面，他謙卑地在上帝面前求寬恕。他又看見自己活在嘴唇不潔的民中間。以賽亞發現自己所處的時代，充滿罪惡，與罪妥協，這反映當時先知、祭司都沒有嚴正重視罪惡的問題。以賽亞看見異象，被上帝的聖潔感動，奉命要傳達悔改的信息。

在我們的工作環境裏，我們有沒有以賽亞的儆醒？有些人以為同事間逢場作興、買六合彩、賭波、賭馬，可以促進關係，我們有沒有陷在這樣的試探中？或者怕得失同事，被視為異類或不合羣，而「勉為其難」地參與同事間的博彩活動？你或會說：「人在江湖，身不由己。」亦有些弟兄姊妹理直氣壯地指出，在現實生活上實踐信仰十分困難，他們有時埋怨牧者沒有他們在職場掙扎的經驗，牧者講道及教導的都過分簡單，沒有考慮實際處境。

其實，卓越的人是以工作表現肯定自己，不是靠迎合別人而生存的。自我增值不單是在知識和技術層面提高自己的素質，同時要在品格、個人操守道德、社會責任上提高自己的水平。說實在的，香港有不少基督徒商人在國內投資，他們可以在賺錢之餘，為上帝作見證。當老闆制定公平的政策，光明磊落地營商，工人會從老闆的見證受影響，公平正直地做人，甚至會願意認識老闆所相信的上帝。有些弟兄姊妹，組織起一羣基督徒商人，彼此互勉，以合神心意的方法營商。當我們看到有些弟兄姊妹在職場上所作的美好見證，我們怎能只一味砌辭推托、諉過於人呢？無論是當老闆的還是打工的，其實都是上帝的管家。我們要時常敬畏上帝，在一個充滿罪惡的世代，不隨波逐流，要在工作上表明自己忠心盡責，有原則、有上進心，凡事以榮耀上帝而行。

## 一個不願意委身的世代

6至8節記載上帝潔淨以賽亞後，向他發出挑戰。究竟以賽亞是否願意被上帝差遣，傳達上帝的信息呢？以賽亞的回應是「我在這裏，請差遣我」。先知以賽亞看見上帝的神聖榮耀，經歷上帝的赦罪，潔淨更新後，就願意回應上帝的呼召，委身服事上帝。以賽亞蒙召是要完成一件不可能完成的任務，向一輩屬靈上盲目的人，宣告上帝的信息。當然，結果是這輩人無法明白。上帝卻是定意如此，要以賽亞承擔這項任務。

牧職是上帝設計的一項特殊秩序，是將一些弟兄姊妹分別出來，專心服事祂。牧者的任務是建立信徒，透過信徒屬靈成長，對上帝的委身，可以共同建設教會，並且在社會上實踐上帝交託的使命。藉此，信徒在他的工作崗位、家庭、家族裏面，成為上帝的見證人。很多時候，我們發現弟兄姊妹在前線有美好見證，他們為上帝做更大的事，甚至比牧者做的更多。因為這是上帝的心意，透過牧者建立弟兄姊妹，發掘弟兄姊妹的恩賜，幫助弟兄姊妹明白上帝對他們人生的計劃。所以，牧者不是跑腿，他們珍惜與弟兄姊妹的溝通，特別是屬靈上的溝通。牧者是心靈的導師(spiritual director)或者生命師傅(life mentor)。牧者的任務是幫助人找到上帝,辨別上帝在他身上的心意(discernment)。

有牧者分享,弟兄姊妹偏愛在堂會以外尋找屬靈的糧食,寧願參加有名講員的專題講座,而不願意持久地參加主日學。因此,我有一種負擔,就是要提醒弟兄姊妹,不要抱著「隔離飯香」的心態,或者以「屬靈的零食」代替「屬靈的正餐」。我們要有勇氣提醒弟兄姊妹有正確的委身態度,不要以為在外面接受訓練,然後返教會救亡。可惜,有些弟兄姊妹不是委身於有系統的神學訓練,而卻是四處觀摩,結識城中教會圈中人,作為自我肯定。部分屬靈生命不成熟的弟兄姊妹會覺得自己已經足夠,對堂會的牧者缺少敬重,不自覺將城中教會名人視為「偶像」!

我們需要以合上帝心意的態度委身上帝,培養謙卑受教的心。作為牧者,我們亦需要尊重自己的召命,敢於按照聖經的真理,以愛心教導弟兄姊妹,幫助會眾屬靈生命的成長。

## 總結

以賽亞書六章1至8節,提醒我們認識身處一個甚麼世代,幫助我們認清今天我們亦身處一個失落神聖感的世代、一個與罪惡妥協的世代、一個不願意委身的世代。願神幫助我們學習以賽亞先知的態度,敬畏上帝,求上帝赦免潔淨,甘心樂意委身上帝,接受差遣。

## 反思問題

1. 你是否將上帝視作予人認同的上帝，忽略祂神聖超越的一面呢？
2. 你是否將道德標準相對化，甚至在信仰層面與世俗妥協呢？
3. 你是否願意委身上帝的信仰，甚至不惜付上代價呢？

# 2 現代人的屬靈生活

## 路九 24~25

社會結構對人的心態及價值取向產生非常重要的影響。我們生活在資本主義社會，不自覺地感染了它的價值標準，成為我們自己的人生觀。大家可以發現資本主義社會確實可以刺激人上進，努力爭取財富，改善生活素質。不過，生活在資本主義社會下的人，就要拚命工作，努力向上爬，承受與同事競賽的壓力。

### 對屬靈生活的不同理解

其實我們極需要反省，究竟我們是否盲目地追求事業上的成功與及財富，以致我們的生活失卻平衡呢？基督教歷史中對屬靈生活有很多不同的了解，但是香港華人教會向來所強調的那種「屬靈」是指完全擺脫世俗的名利物慾，不吃人間煙火。事實上，這種屬靈的要求是非常高，一般信徒根本不能達到。現時香港華人教會所承繼對「屬靈」的了解，其實是起源於社會還未商業化、現代化及資訊化的階段，或者更直接地說，這些與世俗隔絕式的屬靈要求乃是農業社會與生活節奏緩慢的社會所適用的。同時這種否定身體、物質及現世的思想根本不是正統基督教的立場。要實踐那種與世隔絕式的屬靈操練方式，惟有將信仰與現實分割。

## 正統基督教不否定現世生活

現代人的思想與千多年前的人的思想有很大的分別。其實當教會漸漸由耶路撒冷擴展到希臘及羅馬等地方的時候，教會就吸收了很多希臘哲學與及羅馬組織及法律的精神。教會借用了希臘哲學去解釋人的結構分為靈、魂及身體，結果產生了一些極端的取向，完全否定身體的價值，與及現世、物質的重要。這種錯誤的思想一路流傳下來。身體是囚禁靈魂的監獄這觀念不是基督教的立場。在新約時代，這種思想稱為諾斯底主義，聖保羅在歌羅西書就批評這種異端，而約翰福音的道成肉身的觀念主要是回應身體乃是邪惡這論點，這論點乃推論出神聖的上帝不能亦不會成為身體的異端。可惜，基督教歷史不斷出現否定身體、物質、現世生活的思想。

大部分現代人都會同意自己都有心理需要，不過基督徒卻會補充除了除此以外，還有靈性上的需要。不少基督徒嘗試強調靈性需要，好像從事基督教教育的人士在談到教育的五個範疇：德、智、體、羣、美以外，加上靈育，即靈性的培育。這種做法並不是將神聖與世俗截然對立，而是藉神聖改造世俗，成全上帝的美意。

## 真正的自我實現

基督教信仰乃是一種在現實社會中可以實踐的信仰，基督教信仰肯定人的物質需要、安全感需要、社交需要、名望需要、自我實現需要，不過基督教信仰指出人的自我可以成為自己生命的絆腳石。人愈是以自我為中心，就愈不能實現自我。耶穌說：「凡要救自己生命的，必喪掉生命。」（九 24）當我們以個人的事業成就、財富作為實現的目標的時候，我們就愈難完全的獲得自我實現的滿足。耶穌說：「人若賺得全世界，卻喪了自己，賠上自己，有甚麼益處呢？」（九 25）原來耶穌教訓我們以捨己的精神去生活，才能夠獲得真正的自我實現。若果我們能夠學習耶穌基督的捨己，不再以個人自我的事業成就、財富為追逐的目標的時候，才能夠衝破人生的枷鎖。不過這只是第一步，第二步是要學習以追尋上帝的榮耀為實現自我的目標。

## 追尋上帝的榮耀

羅馬天主教有一個很有名的修會——耶穌會。耶穌會的會訓是愈顯主榮(*Ad Majorem Dei Gloriam*)。耶穌會的修士不單要努力榮耀上帝，而且要努力加倍顯出上帝的光榮。要完全放下自我，並不是一件容易的事情。有時候，人會在覺得自己失敗，無用而不斷尋找心理上的補償。我與大家一樣正在學習如何放下自我，接受上帝所賜予的一切，為自己已經得到及擁有的感恩。要學習以追尋上帝的榮耀為人生最重要的目標這功課，需要不斷的反省、靜思、默想、祈禱、行動才可以學懂的。

對於其他信徒來説，能夠克服社會中那種吹嘘個人成功、追求擁有的心態，願意為著自己所擁有的感恩，學習耶穌基督那種捨己的精神，已經是一種屬靈生命上的進步。當然，大家能夠將個人的自我完全放下，以榮耀上帝為實現自我的目標，屬靈生命必然會有更大的進步。

### 反思問題

1. 你使用物質的同時，如何保持對上帝的完全信賴呢？
2. 你處理心理需要時，如何保持對上帝絕對的順服呢？
3. 你在現實生活裏，怎樣實踐改變世界的屬靈素質呢？

# 3 屬靈生命成長三大要素

## 徒二 46~47；提後三 14~15

使徒行傳二章46節上記載：「他們〔門徒〕天天同心合意恆切地在殿裏。」這批門徒在主耶穌基督復活升天後，明白主耶穌基督受死復活的意義，開始重燃對主的信心。他們天天同心合意恆切在殿裏讚美上帝、禱告。

猶太人十分重視聖殿的崇拜。聖殿是神聖的地方，內有至聖所，是上帝臨在的地方。參與聖殿事奉的祭司要自潔，向會眾宣告上帝審判及赦免的信息。聖殿的崇拜有獻祭，人透過獻祭，彌補罪過，尋求上帝的赦免。主耶穌基督承繼先知的精神，教訓不單要按外在的儀式敬拜，更重要的是要從內心發出敬拜讚美。先知阿摩司及以賽亞曾經發出警告，提醒以色列人的虛偽敬拜，不被上帝悅納，虛浮的獻祭亦不令上帝喜悅。

## 發自內心的敬拜

當我細心反省這個提醒的時候，發現近年不少基督徒的敬拜態度未能符合聖經的要求。最令人失望的就是慣性的遲到早退。敬拜是一種與上帝的溝通，不是被動地觀賞節目。蒙上帝喜悅的敬拜首先要發自內心，以誠敬的態度預備自己。最低限度是週六晚減少夜間消遣，早睡早起，在主日以喜樂的心敬拜上帝。嚴格來說，星期一至星期六都是我們預備自己朝見上帝的時間。

當然，現時香港人面對很多方面的挑戰，造成沉重的壓力。我們需要一些放鬆自己，宣洩積壓情緒的空間，所以，有些基督徒覺得參與主日崇拜好像是另一種限制。不過，我觀察到當人放開一切憂慮，專心仰望上帝的時候，會得到心靈的釋放。若果我們一邊抓緊自己的重擔，一邊勉強自己參加主日崇拜，當然是加重壓力。但是當我們在敬拜的時候，被詩歌及聖經的教訓感動，獲得解決問題的靈感和力量，就會覺得敬拜是面對困難最佳的方法。我們參加敬拜，應該預先閱讀程序表，將講道經文、詩歌內容默想，求上帝讓我們獲得屬靈的信息。然後全情投入敬拜聽道。可惜，很多基督徒都沒有這樣做，甚至教會領袖也沒有以身作則，活出信徒的榜樣。

有些基督徒熱心於教會的事工，把握在主日與人商討教會事工，無形中，敬拜的主要任務被忽略，商討的事務變成主要任務。最令人驚訝的是，他們當其他人在聖堂敬拜時這樣做；有人則在其他地方忙著其他事情。

主日敬拜承繼猶太人守安息日的傳統，將工作放下，專心敬拜。為教會事工熱心是十分值得欣賞的，不過沒有敬拜的事奉，只會變成以人的力量、智慧處理屬靈的事。一個重視敬拜的人，會緊記以屬靈的原則處理屬靈的事，按上帝的心意做合上帝心意的事。一個高舉熱心事奉的人，只會落入以人的知識管理教會的地步，令人陷入試探而不自知；一個不懂得在上帝面前放下自己的人，在事奉上亦只能夠憑血氣之勇行事。這樣說並非要令大家失去信心；相反希望大家蒙上帝使用，為上帝作更大的事。

## 渴慕明白聖經真理

提摩太後書三章14至15節提醒我們說：「但你們所學習的，所確信的，要存在心裏；因為你知道是跟誰學的，並且知道你是從小明白聖經，這聖經能使你因信基督耶穌，有得救的智慧。」一個基督徒屬靈生命的成長，除了要有發自內心的敬拜以外，也要在真理學習方面下功夫。

經過多年的思考及體驗，我覺得鼓勵弟兄姊妹參與主日學或研經班，是幫助人在生命上遇見上帝的方法。查考聖經不單是追求聖經知識，而是透過上帝的說話明白真理。我投身教會的聖經教導工作，希望弟兄姊妹有堅固的聖經基礎，若果日後奉獻作傳道人，都會有結實的聖經根基，將來可以更有效地以聖經真理教導及牧養教會。渴慕上帝的人必然渴慕明白聖經的真理。詩篇十九篇7節記載：「耶和華的律法全備，能甦醒人心；耶和華的法度確定，能使愚人有智慧。」在舊約時代還未有完整的舊約聖經，在耶穌時代，新約聖經仍然未形成。直至四世紀整本新舊經聖經的正典才成形。顧名思義，它是信仰的權威經卷，是教會所信賴的上帝的説話，藉此紮下信仰的根。

## 聖經真理作後盾

弟兄姊妹，若果你有心為上帝國度的事獻上青春，我鼓勵你認真地讀經。因為事奉並不單靠一股熱心，或者某些事工的模式或方法。我們要懂得在不同的時代不同環境，洞悉不同的問題核心、出現形式，並且作出適切的回應，其中必須以堅固的聖經真理作後盾。

很多人在熱心事奉一段時間後，發覺自己的聖經知識貧乏，所以決定接受系統化的聖經及神學訓練。我經常鼓勵有事奉心志的弟兄姊妹接受完整的聖經及神學訓練。其實，我們華人教會極需要更多受過基本訓練的聖經教師。我們一般的水平仍然有很多改善空間，例如我們在教會中的聖經教師未必懂得聖經原文，亦未必熟悉聖經的歷史地理背景。請弟兄姊妹緊記，縱使聽道幾十年，也不一定通曉整本聖經的內容，因為主日講道是片段地講解某段經文，同時講道要生活化、大眾化，不會深入研經部分，免致會眾不明白。

我們要明白聖經的真理，必須付出，不要以為聽一兩次講座就可以取代長期的研經學習。同時被動的聽與主動的閱讀及研習聖經有很大的分別。主動研習聖經往往發現聖經裏面的屬靈寶藏。當我們發現聖經裏面有豐富的屬靈寶藏的時候，就會不惜一切獲得這生命的至寶。

## 彼此守望的團契生活

使徒行傳二章46節提及：「他們天天同心合意恆切地在殿裏，且在家中擘餅，存著歡喜、誠實的心用飯，讚美上帝，得眾民的喜愛。主將得救的人天天加給他們。」使徒行傳提出當時教會有美好的團契生活，「在家中擘餅」是一種團契的關係，彼此分享分擔。由於教會有美好的團契生活，上帝將得救的人數，天天加給他們。

今天教會的團契漸漸變成組織、一種活動形式，卻忽視了關係才是團契基本的精神。我們需要有一個屬於自己，讓自己能夠投入的團契，分享心底的感受。有些弟兄姊妹不能單單滿足於形式化的團契週會活動，他們渴求有深度的屬靈交談，彼此分享，互相代求。他們會評估在忙碌生活中抽時間參加團契活動，對自己的屬靈生命有甚麼得著。

## 首先牧養弟兄姊妹

一個適合尋道者的團契，不一定適合對信仰追尋熱心的弟兄姊妹。我們往往期望信主年日長的弟兄姊妹負擔關顧的工作。這當然是正確而自然的事。不過，我的領受是首先牧養弟兄姊妹，然後鼓勵他們按上帝的心意事奉。所以，我提醒自己在教會首先問候弟兄姊妹的近況，屬靈的體驗如何，然後才是談事工。根據我的經驗，當弟兄姊妹經歷被關懷被牧養後，會為上帝做更大的事。所以，我不會將團契單單視為一種事工、一種組織、一種制度，我會堅持以生命為重，主動與弟兄姊妹分享屬靈生命成長的事情。

我常常勸勉弟兄姊妹不要將自己埋葬在教會事工裏面，要安靜在上帝面前，領受能力，確定方向，對準目標，集中力量完成上帝所交託的事。我從來不追求人數急升，我會關心為甚麼人數會下跌，究竟問題出在哪裏。我會將弟兄姊妹視為關心的目標，而不是作為推動事工的工具。

感謝上帝，上帝親自造就弟兄姊妹。我們首先牧養弟兄姊妹，讓他們在團契裏面經歷彼此代求守望的喜樂，他們就會在適當的時候就會為上帝做更大的事。我發現很多弟兄姊妹陷入兩個極端裏面。第一個極端是以團契取代教會，他們對團契有歸屬感卻與教會疏離。這樣的教會生活導致錯誤的教會觀，忽視教會是一個更大更整體的團契。另一個極端就是只參與主日崇拜，卻與會眾保持距離，不介入教會的事。這個現象背後必然有問題，原因可能是時間不許可，又或者是教會沒有適合的團契。又或者是教會缺乏溫暖，過去發生人事衝突，因此為了明哲保身，不開罪人，不想捲入人際衝突、權力鬥爭裏面。結果，我們會發現一羣出席主日崇拜的弟兄姊妹卻看不出他們對聖經的渴慕，參加主日學，亦不會看見他們參與團契，這樣的教會生活是吊鹽水式的基督徒生活。

當我們與這些弟兄姊妹溝通的時候，將會發現他們心靈枯乾，面對生活的壓力不少，信仰上卻是無力回應，能夠保持出席主日崇拜已經難能可貴。我不會高言大志，亦不會講「風涼話」，但是我誠懇地鼓勵他們，他們需要一個屬於他們的團契，支持他們以基督信仰面對生活的挑戰。我明白人生充滿壓力，不過我們需要弟兄姊妹彼此守望，互相代禱。當我擔任團契導師的時候，我的體會是我多了一羣為我代禱的弟兄姊妹。我關心他們，同樣亦開放自己被別人關心。弟兄姊妹，你是否準備雙向地經歷團契的支持呢？

## 反思問題

1. 你是否重視敬拜的生活呢？你是否投入敬拜並感覺活潑有力呢？
2. 你是否重視學習聖經真理呢？你是否有屬靈的定見還是人云亦云呢？
3. 你是否重視團契生活呢？你有沒有一個屬於自己的屬靈羣體呢？

# 4 在聖靈裏的生活

## 羅八 12~17

對很多基督徒來說，他們希望明白基督徒的屬靈生命如何成長更新、如何經歷上帝。一個信主的人，要追求屬靈生命的成長。究竟屬靈生命如何成長呢？

### 不隨從肉體的本性

羅馬書八章12節教訓我們說：「弟兄們，這樣看來，我們並不是欠肉體的債去順從肉體活著。」一個信主的人，要追求屬靈生命的成長。究竟屬靈生命如何成長呢？談及聖靈會給人一種抽象及難以捉摸的感覺，究竟高深莫測的神契經驗或者情辭迫切的禱告、火熱的事奉、對聖經真理的渴慕、充滿信心的委身等是否屬靈的表現呢？基本上，這些都是屬靈生命成長的表現。

當我們追求在聖靈裏的生活的時候，要注意信仰的真實性並非在於感覺，而在於客觀的真實性。若果我們將信仰的真實性掛勾於激情的感覺，甚至屬靈高峯經驗，只會不斷追求更激情、更高峯的經驗，來滿足自己。結果，必然對一般的講道、唱詩、崇拜、團契、聖經班感到不滿足。

羅馬書八章12節說：「弟兄們，這樣看來，我們並不是欠肉體的債去順從肉體活著。」它提醒我們一個住在聖靈裏的基督徒，首先是不順從肉體的本性。人是十分自我中心的，心中有很多怨懟、嫉妒、憎恨、不能接納別人比自己優勝。上帝要求我們首先對付不為人知、不為人見的內在世界。保羅用 *soma* 形容身體，是十分中性的；而用 *sarx* 形容肉體，表示人性中充滿弱點。人有本能的衝動和慾望。我們需要容讓自己有安靜獨處的時刻，面對自己內在的真我。

## 人神關係的重建

同樣，每個人的成長歷程都有缺憾，被罪扭曲我們的價值觀。我不是執業的心理學家，只不過對心理學及教牧輔導有點認識。我所關注的是信仰如何幫助一個人重建自我，並且經歷靈命更新。我深信心理輔導，甚至在祈禱中追求心靈釋放的方法都是治標的途徑，更加根本的，是人神關係的重建，罪的赦免及內在價值觀的重整。我樂意與弟兄姊妹一起禱告，亦樂意擔任屬靈導師的工作，不過我奉勸各位，真正徹底的心靈釋放及內在醫治，並非靠感覺，亦不一定藉著激情的禱告方式獲得。若果我們在上帝面前承認自己的罪，對付自己自我中心的弱點，以感恩的心愛人、欣賞人、扶助人，上帝必定更新我們的生命。

## 建立內在生命

八章13節教訓我們說：「你們若順從肉體活著，必要死；若靠著聖靈治死身體的惡行，必要活著。」對付惡行不是藉行為在上帝面前誇耀，亦不是以善行賺取救恩。一個被聖靈充滿的人，必然對聖潔的上帝充滿尊敬，亦會對是非對錯十分敏感，因為聖靈在我們心中督責我們。

有些人解釋聖靈充滿的信息的時候，會注重聖靈的恩賜。其實，聖靈充滿首先是建立個人內在生命，然後才是顯明事奉的恩賜。若果我們忽略內在生命的建立，只重恩賜和能力，會陷入生命與事奉的分割。我們在上帝面前成為一個怎樣的人（being），比起為上帝做多少大事（doing）更加重要。因為上帝要做大事，不必經人手完成，只是上帝樂意透過人作媒介，使人分享事奉的喜樂。所以，我會提醒自己，不是為上帝作大事，而是忠心服事，以信心觀看上帝的作為，存感恩的心為自己如此卑微的人，竟然蒙恩參與上帝的工作而滿足。

我對刻意追求成功，表現自己，追求表面的風光，以數字作自我肯定的態度極為反感。我並非鼓勵人變得不思進取、躲懶，而是提醒人不要高舉自我去事奉上帝。當人在事奉上有些成績的時候，很容易陷入驕傲及自滿的陷阱，並且將自己的成功視作自己的努力、自己的才華出眾，忘記上帝的恩典。當人自視過高、目空一切的時候，亦是墮落的開始。一個熱心愛主的弟兄姊妹，會覺得自己比很多平庸基督徒優秀，當我們愈是熱心事奉的時候，必須時刻儆醒，是基督的愛激勵我去事奉，並非我有甚麼可以誇耀的地方。一個熱心事奉的人，基本上沒有甚麼明顯的惡行，絕大部分是熱心助人、愛上帝愛教會的人。不過，人心比萬物都詭詐，人可以用美麗的謊言包裝著野心和慾望。當一個事奉的人太看重自己的名分的時候，就會陷入身分危機裏面。

## 不能夠接納自己

人最大的問題就是自己不能夠接納自己。愈是愛上帝的人就會向上帝討價還價：究竟我事奉有何益處，我的勞苦有何賞賜？當我們獲得上帝的恩賜，可以在某方面有效事奉的時候，亦會面對這些考驗。若果上帝的恩典臨到，我們可以欣然感謝上帝的帶領、上帝的作為，接納自己的限制乃是上帝的祝福的時候，我們才可以在事奉上突破自己。若果我們在這些關口徘徊，就十分容易陷入苦毒、惱恨的陷阱，並且口裏發出威嚇的説話，在行為上變得失去屬靈的影響力。若果我們的內心充滿矛盾，在行為上亦有所謂「不成熟的表現」，我們必須坦誠面對自己，在上帝面前祈禱，甚至邀請弟兄姊妹及屬靈前輩一起禱告守望。其實，並非惡人才會有惡行，良善的人亦可以有惡行。或者惡人有自知之明，容易承認自己的惡毒；相反良善的人受欺壓，累積怨憤，久而久之，亦會產生恨意。

## 讓聖經的道更新改造

近年教會有種現象，就是在大型教會裏面隱藏了很多不願意積極投入事奉的弟兄姊妹。其中一些原因是曾經在教會事奉中受傷害，心中有恐懼感，對人缺乏信任，恐怕再次受傷，寧願在教會中默然自處。當我們俯心自問，自己心中是否有怨恨的感受，有沒有報復的念頭，或許會發覺有些情緒是潛藏在心底裏面。或許我們未有行動，只是意念已經在心中。

有些基督徒在志氣低沉的時候，渴望聖靈的更新和復興，作為解決的方法。我可以明白這是正視問題的表現，不過真正的靈命更新與復興，必定要正本清源，處理內在的問題，而不是在外在的事奉上尋求能力或者技巧上的改進。追求外在方法上的提升進步，只是停留「術」的層面，還未觸及真理「道」的本身。所以，我會鼓勵弟兄姊妹首先面對真理，讓聖經的道更新改造我們，然後活出聖潔的生命，以歡欣喜樂的心生活，進而追求事奉上的恩賜和能力。我們不必自卑，亦不必自視過高；我們在上帝的國度中有獨特的貢獻，亦有盛衰時期。若果我們首先將心立定在上帝裏面，以感恩的心事奉，上帝會在適當時候使用我們。若果我們過去曾經受傷害，上帝會體諒我們，亦會與我們同在。我們不必讓仇恨留存心中，相反要把握機會，珍惜身邊的家人，彼此相愛，集中精神完成上帝的託付。千萬不要讓憤恨掩蓋理智，以報復破壞別人，因為一個曾經受傷的人，亦可以成為傷害別人的人。

## 在聖靈裏生活

14至17節教導我們說：「因為凡被上帝的靈引導的，都是上帝的兒子。你們所受的，不是奴僕的心，仍舊害怕；所受的，乃是兒子的心，因此我們呼叫：『阿爸！父！』聖靈與我們的心同證我們是上帝的兒女；既是兒女，便是後嗣，就是上帝的後嗣，和基督同作後嗣。如果我們和他一同受苦，也必和他一同得榮耀。」一個在聖靈裏生活的基督徒，基於對十字架福音的認信，相信自己的罪被主耶穌基督赦免，因此不必再逃避上帝，不必再恐懼上帝。上帝是慈愛及公義的上帝，樂意接納我們，我們就是上帝的朋友，亦是上帝的兒女。

聖靈內住使我們有一份從上帝而來的安全感。一個住在聖靈裏、被聖靈充滿的基督徒，是一位以基督為中心的人，將目光定睛在主耶穌基督身上。被上帝的靈激動的人，會看重主耶穌基督的十字架，多於自己。所以，被聖靈充滿，亦即是被聖靈得著。若果我們追求被聖靈充滿，必然經驗自我的降卑，由自己擔任主角變成由基督耶穌擔任主角。當我們將眼光集中於上帝的時候，我們的承載器改變了，承載力改變了，不再用人有限的容量，思考上帝的事情。當我們突破自我中心的態度的時候，不可能的事情會變成可能；當我們經歷被聖靈充滿的時候，就會充滿熱誠地為上帝的事熱心。我們內心會感到平安喜樂，並且有一種幹勁和耐力。被聖靈充滿並非片刻的激情，而卻是一種由內在生命散發出來的能力。上帝要將這種能力賜給願意服事的人。若果我們有服事上帝的心志，必須預備被人拒絕、被人誤會、被人嘲笑。不要抱著浪漫的心態參與事奉，亦不要帶著無奈的心情事奉。

## 與主甘苦共嘗

我們要時刻想起主耶穌基督的經歷，祂成為眾人的僕人，服事罪人。我們追求靈命更新、被聖靈充滿、住在聖靈裏，必須有心理準備會經歷主耶穌基督的十架路。被聖靈充滿不一定有佈道家的口才、培靈家的震撼，亦不一定有祈禱治病的恩賜，也不一定會行異能。不過，被聖靈充滿的人，會在逆境中仍然倚靠上帝，在看來絕境的地方奮鬥。所以，我們應該祈求被聖靈充滿，有吃苦的心志，有忍受艱難逆境的能耐。

被聖靈充滿不單是一種感覺，或者短暫激情的反應，而是在內在生命裏產生一種素質。一個被聖靈充滿的人，會看見上帝將傳福音的使命託付於他，以致於他願意付出代價，學習主耶穌基督犧牲自己，服事眾人。我們所相信的聖靈，是主耶穌基督的靈，是以十字架為中心的，是呼召人放下自己、學習謙卑、榮耀上帝的。若果我們以為被聖靈充滿，可以抬高自己，就會落入屬靈驕傲的陷阱。所以，我們需要提醒弟兄姊妹，以合宜的態度追尋被聖靈充滿，住在聖靈裏的真理。

住在聖靈裏的人，會更加看重教會的合一，因為弟兄姊妹間有一種共通的心靈，彼此連結。縱使大家有性別上的差別、性格上的差別、文化背景的差別，甚至屬靈程度的差別，這都不會使人與人之間的距離擴大；被聖靈充滿的人，會更加渴望將人引到上帝的面前，並且不會拒人於千里，令人感覺高不可攀；被聖靈充滿的人不會自以為高人一等，相反能夠俯就卑微的人，為基督的緣故，得著更多的人。若果我們以為被聖靈充滿，就是在事奉上更有恩賜、更有能力、事奉更有成果的話，就忽視了更根本的真理。上帝讓聖靈充滿我們，首先要改變我們的生命，以上帝為中心，學習主耶穌基督的受苦精神，謙卑服事弟兄姊妹。當我們被人誤會、被嘲笑、被排斥的時候，心裏面仍然充滿力量，倚靠上帝的大能行事。一個被聖靈充滿的人，不必擔心事奉的果效，因為他深知道並非倚靠人的力量事奉，而是上帝自己親自工作，一切成敗得失都由上帝親自承擔。既然事奉是讓上帝主導、由上帝帶領，我們就是受託者、管家，分享參與神聖工的福分，這是何等榮耀的職事。

## 反思問題

1. 你有否處理內心的黑暗面，讓聖靈光照呢？
2. 你是否尋求聖經的要求，改變錯誤的行為呢？
3. 你是否默想基督的受苦，並且藉著祈禱改變行為呢？

# 5 與基督聯合

## 西三 1~17

歌羅西書三章1至4節從兩個角度描述人與基督的聯合，首先是從信徒與基督一同復活的角度提醒信徒要追求屬靈的事，不要羨慕地上的事。然後從信徒與基督同死、同埋藏的角度提醒信徒的生命與基督一同藏在上帝裏面。換句話說，基督是我們的生命，當基督顯現的時候，我們也要與祂一同在榮耀裏顯現。

### 屬靈生命的成長

一個信徒屬靈生命的成長，最重要的是與基督聯合，正如主耶穌基督在約翰福音十五章提及葡萄樹與枝子的比喻，耶穌基督就是那棵葡萄樹，信徒就好像樹枝。樹枝若果離開樹幹，就缺乏營養而枯乾，最後死亡。同樣，信徒若果與主聯合，屬靈生命就得到適當的滋潤，相反，當信徒遠離主耶穌，就是生命缺乏動力，漸漸枯乾。使徒保羅同樣領會與主聯合的道理，並且加以神學式的發揮，解釋信徒與耶穌基督的死與復活聯合，以致我們的生命得到改變。過去充滿罪污的生命已經與基督同釘十字架，現在得著新生命。藉著主耶穌基督的復活，我們的人生充滿盼望，等候主耶穌基督顯現的時候，與基督一同得榮耀。

## 在生命上與主聯合

原來一個人成為基督徒，並不單是在頭腦上承認某些教條，而是在生命上與主聯合，在人生觀及價值觀方面作出改變。若果一個人受洗後仍然心懷惡念，生命沒有改變，他只不過是一個「掛名」的基督徒。相反，當一個人在上帝面前承認自己的軟弱，自己在內心掙扎時的失敗，祈求上帝的赦免、更新改變，他的虔誠是真實的，是上帝所喜悅的。我們作基督徒，都希望生命上有成長，希望可以經歷上帝的真實。

有些基督徒覺得信主後從來沒有經歷上帝的大能，基督徒生活平淡，規律性地參加崇拜、奉獻金錢、參與事奉，可是卻無法突破自己在靈性上的限制。因此，有很多信徒努力參加大型的佈道會、培靈會、講座、普及神學課程等活動，希望振奮靈性。當然，弟兄姊妹熱心追求學習是值得高興的事情，不過更加基本的是生命的培育。若果上述的聚會和活動可以幫助我們扭轉生命的方向，突破生命的局限，令我們更加愛上帝、愛人，我們便獲益。相反，我們只是久旱逢甘露或者「打補針」式地追求屬靈生命的成長，結果可能是我們獲得短暫的奮興，過後仍然是如以往一樣。

## 應當追求上面的事

可能大家會問，我們應該怎樣與基督聯合呢？是否每天祈禱、讀經呢？是否多奉獻金錢呢？是否多奉獻才能和時間服事教會呢？為甚麼我信主多年仍然沒有覺得自己與主聯合呢？相反，總是覺得上帝十分遙遠、基督徒生活缺乏動力呢？若果我們有上述的疑問，我們可以參考使徒保羅在歌羅西書的教訓，三章1至2節提醒我們應當追求上面的事、屬天的事，而不是屬地的事。可能有人反問，若果我沒有好好解決地上的事，哪裏有心情處理上面的事呢？正如一些未信主的父母會在信主的兒女謝飯禱告的時候説，若果不是父母辛勤工作，你何來有飯吃？事實上，人不能不處理地上的事，不能不解決人在地上生活的需要。使徒保羅的意思亦不是要人逃避在地上生活的責任，不過他提醒人不要忘記屬靈的事。

## 最實際的教導

當人以為先解決地上的需要，例如安居置業、買車、積蓄財富等事情以後，然後才追求屬靈生命的長進的時候，他的屬靈生命是無法有長進的。因為我們沒有把人生的方向和目標校正，沒有記起主耶穌的話：「你們要先求祂的國和祂的義，這些東西都要加給你們了。」（太六 33）我們應該盡責地為自己、為家人建立一個穩定的生活基礎，在經濟上要開源節流，並且為將來打算，我們亦要作好計劃，讓家人有足夠的空間居住，同時我們亦要考慮退休後如何生活等問題。這些都是極為切身和重要的問題，不過，我們不能被這些疑慮控制，相反應該學習在一個我們無法完全控制的環境下，仰望上帝，並且將心思意念集中於上帝，深信祂的豐富供應。聖經教導我們要思念上面的事，並非不切實際，相反是非常實際，只要我們回到上帝身邊，祂就是我們最大的寶藏、最大的幫助。若果我們抱著這種人生觀，我們在地上的工作自然蒙上帝祝福；相反，若果我們總是為將來憂慮，結果我們十分容易失去好機會，甚至作出錯誤的選擇。當我們對地上的事有憂慮的時候，最好的方法不是拚命用人的方法抓著自己可以控制的可能性，而是思念上面的事，讓上帝為我們開路，戰勝各種困難。

## 拚命脫去惡行

使徒保羅在談及信徒在死與復活上與基督聯合以後，就談到脫去惡行與穿上新人兩方面。在歌羅西書三章5至11節，脫去惡行的部分，他用了一些命令式的動詞，吩咐信徒要脫去惡行。5節：「所以，要治死你們在地上的肢體，就如淫亂、污穢、邪情、惡慾，和貪婪（貪婪就與拜偶像一樣）。」

「淫亂」在新約聖經中有幾種含意，例如婚外性關係（帖前四 3），此外亦將淫亂視為與拜偶像的罪有關。「污穢」在新約聖經裏面經常與「淫亂」一詞同時出現，例如哥林多後書十二章21節、加拉太書十五章19節、以弗所書五章3節。而「淫亂」一詞絕大部分在保羅書信中出現。「邪情」在羅馬書一章26節及帖撒羅尼迦前書四章5節亦有出現。根據希臘的斯多亞派哲學，「邪情」的意思是人容讓自己被情緒所控制。新約聖經的用法，並非按照斯多亞哲學的意思，而是指可恥的情緒導致性的濫用。「惡慾」的中文翻譯並不準確，原意是願望。願望可以有正面的意思，例如腓立比書一章23節記載保羅「情願」離世與基督同在，「情願」的字根與「惡慾」相同。帖撒羅尼迦前書二章17節記載保羅很「願意」見你們的面，「願意」的字根與「惡慾」相同。不過，在新約聖經裏面，「惡慾」一詞往往指過分的性慾。保羅甚至形容為身體的私慾（羅六 12，十三 14；加五 16、24；弗二 3），此外亦指及私慾的迷惑（弗四 22）、少年的私慾（提後二 22）、世俗的情慾（多二 12），以上對慾望的描述都是負面的。

其實人基於各種的需要作出期望，這是可以理解的，亦是十分自然的，但是期望太高就會不切實際，甚至會成為一種不合理與無止境的慾望。

## 凡事感恩

保羅提醒我們要治死慾望，意思是要節制慾望，不要隨著人的軟弱作出無止境的慾望。「貪婪」意思是期望得到更多，換句話來說是「不知足」，保羅形容貪婪與拜偶像一樣是罪。當人不能滿足的時候，亦是不能接納上帝給我們的限制的時刻。若果人能夠為上帝賜給我們的一切感恩，我們亦不會有非分之想。因此，我們需要學習為自己所努力得來的、所擁有的感謝上帝，緊記上帝的恩典使我們有所得，同時繼續努力工作，服事上帝，服務人羣，不存貪念，不羨慕別人所擁有的，相反為自己所能夠完成的任務和努力所得來的成就感謝上帝。

## 無法突破人性的局限

使徒保羅提醒我們上帝的憤怒必定臨到行惡的人身上。在我們未信主以前，人生的景況可能好像保羅所描述的人一樣，生命裏面充滿罪，但是當我們接受基督為主的時候，我們就要棄絕這些罪惡。究竟我們有沒有正視我們心底的罪呢？我們信主以後，是否仍然好像以往一樣生活呢？三章8節提醒我們要棄絕上述的罪行，另外亦要消除惱恨、憤怒、惡毒、毀謗，並口中污穢的言語。

在現實社會裏面，人為了競爭、向上爬，出盡法寶，為求達到目的，不擇手段。在競爭激烈的社會裏面，不少人曾經被人惡意對待、排斥、攻擊，心中有不少惱恨、怨憤，甚至覺得社會不公平，有朝一日將會報復，一雪心頭憤恨。結果，受了委屈的人咬緊牙關，努力前進，在得到權力以後，內心的抑壓浮現出來，漸漸成為一個壓逼別人的惡人。這個惡性循環不斷繼續，原因是人無法突破人性的局限，無法放下自己過去的傷痛經歷，最終自己走上憤世嫉俗的地步，心內充滿惡毒、毀謗，口出惡言。雖然社會上並非每一個人都是如此惡劣，但是人總有不同程度的惱恨、憤怒、惡毒等。

## 正如造他主的形像

世界上有各種不同宗教，設法幫助人開解人生的結，基督教信仰教導人脫去舊人和舊人的行為，穿上新人。究竟人怎樣可以成為一個新造的人呢？使徒保羅教訓我們要與基督聯合。當人承認耶穌基督是生命的主的時候，耶穌基督的救贖力量就開始更新我們舊有的生命。其他宗教強調人憑著修養自己，改造自己。基督教信仰強調耶穌基督的救贖力量在人的生命中產生作用，使人的生命改變。基督教強調人生命的改變，不過重點是上帝首先使人改變，並非由人自己的努力而成。另一方面，上帝首先發動生命的改變，使人亦自發性地按照上帝的旨意生活，並不是由於規條所限，而是發自內心。這種內心的改變正是主耶穌所講的重生。10節提出這個新人，重生的人在知識上漸漸更新，正如造他的主的形像。原來人的重生，使人更加認識上帝乃創造主，並且在心性上更像恩主。

12至17節部分提醒我們要穿上新人，使徒保羅指出基督徒是上帝的選民，作為上帝的選民首先要脫去惡行，然後是穿上新人。保羅用「穿上」這個詞是對應5節「治死」與及8節「棄絕」兩個詞。同時保羅形容上帝的選民是聖潔蒙愛的一羣，既然基督徒獲得上帝的恩典，就應該有憐憫別人的心腸、恩慈、謙虛、溫柔、忍耐。保羅在這部分列出五種基督徒的美德，對比5至8節中所列出的五種惡行。

## 要有憐憫的心腸

保羅教訓人要有憐憫的心腸，原因是上帝乃充滿憐憫的上帝，正如詩篇一百零三篇8節所說：「耶和華有憐憫，有恩典，不輕易發怒，且有豐盛的慈愛。」我們的上帝一方面是公義嚴正的上帝，另一方面亦是充滿慈悲憐憫的上帝。因為耶和華上帝是充滿慈悲憐憫的上帝，所以我們作為上帝的選民，應該學習憐憫別人。新約聖經馬太福音九章35至36節記載：「耶穌走遍各城各鄉，在會堂裏教訓人，宣講天國的福音，又醫治各樣的病症。他看見許多的人，就憐憫他們；因為他們困苦流離，如同羊沒有牧人一般。」耶穌基督宣講天國的福音，醫病趕鬼，都是本著憐憫世人的心而行。祂不是要表現自己的能力和地位，而是從內心有一種憐憫人的心引發出來的服事精神。至於「恩慈」，有些註釋書指出保羅提醒基督徒，上帝首先對我們顯出恩慈，賜給我們救恩，因此我們要以恩慈彼此相待。這種「恩慈」的心是指向對別人的態度，好像儒家所講「人者仁也」的意思。我們實在需要學習以仁愛的態度對待身邊的人。

在現實社會裏面，有不少人為了達到自己的目的，可以用盡方法踐踏別人，抬舉自己。特別當人感到自己能力不足，而對手強勁的時候，往往會從心底裏生出惡念，以不公正的方法陷害別人。

## 錯誤的謙虛

至於「謙虛」，我們要留意保羅在二章18節的警告：「不可讓人因著故意謙虛和敬拜天使，就奪去你們的獎賞。這等人拘泥在所見過的，隨著自己的慾心，無故地自高自大。」保羅提醒基督徒對「謙虛」應該有正確的態度，不應在天使面前自卑，敬拜天使。保羅認為這種謙虛會導致人變得自大。原來錯誤的謙虛可以使人變得自大。保羅在23節再次提出：「這些規條使人徒有智慧之名，用私意崇拜，自表謙卑，苦待己身，其實在克制肉體的情慾上是毫無功效。」原來保羅針對一些人藉著某些宗教行為苦待自己的身體，以為可以克制人的情慾，單單依靠人的能力，結果無法改變自己，亦無法領略依靠上帝才是最好的方法。保羅批評這種苦待自己的謙卑並非真正的謙卑，相反可以誤導人以為自己十分努力進行宗教操練，極可能變得自以為義，自高自大。

## 柔和謙卑

「溫柔」在舊約聖經中指在以色列中的貧窮人，沒有田產，並且受到壓逼。希伯來文中，*ani*（貧窮人）是指無力抵抗、無權利、受壓迫的一羣。在舊約聖經中清楚地指出耶和華上帝是無權勢者的上帝，詩篇二十五篇9節記載：「他必按公平引領謙卑人，將他的道教訓他們。」同時耶和華上帝本身就是無助者的安慰。以賽亞書二十九篇19節記載：「謙卑人必因耶和華增添歡喜；人間貧窮的必因以色列的聖者快樂。」在聖經裏面，柔和與謙卑經常連在一起，主耶穌基督教訓我們要柔和謙卑，要我們深信上帝能夠使不可能的事情發生，祂是無助者隨時的幫助。「忍耐」亦有與「恩慈」一詞相連的情況，例如在羅馬書二章4節、哥林多後書六章6節、加拉太書五章22節。恩慈是暴躁的相反詞，而忍耐與報復、惱怒是相反詞。保羅提醒我們學習以忍耐的態度面對各種難題，依靠上帝克服各種不可能解決的事。

## 彼此饒恕

保羅在提出上帝選民五種美德之後，集中處理一個題目，就是饒恕。保羅勉勵我們學習彼此包容，彼此饒恕。保羅並沒有要求人作出單方面的饒恕和包容，而是雙方面的饒恕及包容。不過我們必須小心，千萬不要在誰先饒恕別人的問題上阻礙我們實踐饒恕和包容。很多時候，人與人之間總會有磨擦和衝突，有些人比較懂得處理人際關係，衝突比較少，有些人會比較多。這方面與人的修養有關。有些人的思想比較封閉，做人比較自我中心，亦不願坦白承認自己的錯失，恐怕失卻面子，失卻別人對他的尊重。因此害怕向人說一聲對不起。結果，心裏面雖然十分希望別人接納自己，重新恢復友誼，但是礙於「面子」，就讓問題惡化。

千萬別以為基督徒就可以免疫，若果真的話，保羅亦不會特別提醒我們要彼此饒恕、彼此包容。其實，我們要學習在上帝面前誠實，我們在上帝面前無法自誇，我們的正義在上帝面前只不過是一些微不足道的良好表現，是我們應該做的。因此，當我們與別人發生爭鬥，我們首先祈禱，求上帝讓我們看清楚自己有沒有道理，對方有沒有道理，然後嘗試站在別人的位置上思想。若果你是對方，你會如何做呢？經過設身處地的為人設想，然後祈禱求上帝賜我們有更大的包容的心，接受別人。

很多時候，我們會執著自己的道理，總是覺得別人錯。其實每個人總有他的道理，若果我們明白這一點，我們比較容易消除自我中心、獨斷、自以為是的心態。當我們明白自己與其他人在思想和價值取向上很不同的時候，就可以祈禱求上帝賜我們一種尊重別人的態度，縱使我不同意對方的立場，仍然以愛相待，彼此饒恕，彼此包容。

## 愛心聯絡全德

保羅進一步教訓我們，愛心就是聯絡全德的；勉勵基督徒與主聯合、脫去舊人、穿上新人、學習愛上帝愛人。保羅提醒我們蒙召與其他信徒合一，同時是讓基督的平安在我們心裏作主。若果我們心裏面經常充滿仇恨，憤憤不平，這並非上帝的計劃；相反，祂要我們經歷基督的平安，以及存感謝的心生活。保羅提醒我們，若果我們希望心裏經歷基督的平安，就要把基督的道，用各種方法存在心裏，藉著教導、勸戒、頌讚互相提醒。保羅形容基督徒與主聯合，人生有了新的目標和取向，無論做甚麼事，都是奉主耶穌基督的名而行，感謝上帝。

## 反思問題

1. 你是否想過信主的意思是與基督的死與復活聯合呢？
2. 你是否立志改變自己充滿污點的生命呢？那是甚麼立志呢？
3. 你是否準備接受主內新的價值觀，並且把它實踐於生活裏呢？

# 6 靠主得勝

## 腓四 12~14

很多人會問信耶穌有甚麼用處？回答這個問題可以從兩方面入手。首先是責任方面，信耶穌不單是基於實際利益的考慮，而是理所當然的。信耶穌並不等同於在超級市場買飲品。在超市裏面，有各種不同的牌子、各類口味，顧客只管挑選自己喜歡、適合自己的，這是以自己的意願為出發點。我是消費者，我付錢就要得到某種服務。若果信耶穌只不過好像在宗教超級市場中讓顧客隨意挑選，那麼就貶低了福音的權威性。因此，我不會好像推銷員般推銷福音，而是按照聖經的說話指出每個人都應該相信耶穌。第二方面，我會解釋信耶穌的人的內在生命有何改變，而這種改變又怎樣影響我們的生活。很多人認為有價值的東西必然是可以看見、可以觸摸、可以抓著的。若果他要信耶穌，就必須看見實質的好處、效果。我可以非常肯定地回答，信耶穌有莫大的益處，不過它的價值不是用短視的眼光來衡量，而是從遠大的眼光來評價。

## 不懂得處身豐富

過去數年，我聽過有基督徒捲入賭博而欠下巨債，沉迷金錢而離開信仰，亦有放縱情慾而離棄配偶，弄致離婚收場。這些都是香港人不懂得處身豐富的例子。曾經有弟兄告訴我，九七年前當經紀的，差不多不需要找客人，客人會自動找他們。由於賺錢容易，大家都有不思進取、貪圖安逸的心態，並不積極充實自己，改善服務素質。不過，大家會發現有些人卻十分例外，他們努力進修，不斷充實自己，在工作上積極投入，在各項小節上都盡力而為。其中有些是基督徒，他們按照聖經的教訓，凡事謝恩，懂得感謝上帝的功課。

明白「萬物都是從主而來」的人，生活上無憂無缺，財富累積的時候，內心亦不會成為金錢的奴隸；並且存著感恩的心生活，更加充滿喜樂地服事教會，幫助有需要的人。那些以上帝為首的基督徒，他們的生活比較穩定。

## 甚麼才是豐足

保羅是一個飽學之士，是律法專家，受人尊敬，又得宗教領袖的信任，可說是有地位之人。他未必家財豐厚，但也薄有成就。他在大馬士革路上，遇見主耶穌，他決定放棄以前成功的生活，退到曠野專心追尋主；然後返回耶路撒冷，其後被教會差派到安提阿協助教會的工作。保羅本來是十分反對基督信仰的，後來他卻成為基督的見證人。他還告訴我們他改變了人生觀：以前他視為珍寶的，現今他看為糞土。

作為基督徒，我們處身豐富之道就是看輕物質的生活。其實有衣有食就要知足，若果我們被今生的物質享受佔據內心，根本不會有喜樂，永遠都不會感到滿足。甚麼才是豐足呢？就是你可以有餘力分享，幫助別人。為人父母，總會希望將最好的留給下一代，甚麼是我們兒女最寶貴的東西呢？我們的家財？不是，而是我們對他們的愛。若果我們留給兒女一大筆財產，倒不如將錢用在教育上，使他們成材，一生受用。每個人都會步上死亡的旅途，我們無法帶走一分一毫，亦不能將世上的成就帶走。有些人一生刻苦，將儲蓄留給下一代。有些兒女不懂多謝父母的辛勞，有些則會為他們的犧牲而加倍努力做人。我們信主的人時刻想到幸福不是必然的，一切都是上帝的恩典，我們不必為自己積存太多財富，只管抓緊金錢買不到的愛與屬靈上的滿足。

## 處身卑賤

使徒保羅開始在耶路撒冷以外地區宣教的工作後，經常面對來自耶路撒冷猶太裔基督徒的攻擊，他們批評保羅沒有要求外邦基督徒接受割禮，沒有教導外邦基督徒遵守猶太律法。保羅卻堅持外邦基督徒因為相信耶穌基督的福音而被稱義，不必再接受割禮，亦不必靠行律法而蒙上帝接納。保羅與猶太裔基督徒之間的矛盾日漸加深。此外，在外邦地區的猶太人亦針對保羅，認為他藐視猶太律法的行動。因此，保羅在外邦宣教旅程中經常遇到各種威脅。他曾經被人追捕、被拘禁、被毒打，他四面受敵，苦不堪言。保羅沒有埋怨上帝的帶領，相反加倍努力宣揚主耶穌基督的福音。為甚麼他可以有這種勇氣呢？因為他深信上帝的真實，並且相信無論落在甚麼環境裏，上帝的愛都與他同在，上帝從來沒有離棄他。他在艱難困境中學習如何為主而活、為主冒死、承擔使命；他沒有灰心失望，亦沒有走回頭路，他藉著祈禱克服內心的矛盾。他是一個凡人，不過他的禱告操練使他成為一個屬靈人。

## 相信上帝浩大的愛

我們未必好像保羅般走上宣教的道路，亦未必踏上全時間奉獻之路，不過今日香港人卻面對非常艱難的日子。究竟信耶穌有何用處呢？我相信若果耶穌活在我們心裏面，就會幫助我們勇敢地前進，忍耐等候，一步一步改變自己的困境。上帝不一定會即時給我們一份好工作，或者使我們不被減薪，不過上帝卻會在我們日子最艱難的時候，為我們開一條出路，讓我們經歷上帝的大能。當人走到盡頭的時候，就更加看見自己的無能，而轉眼仰望上帝的大能。究竟我們今日如何處卑賤呢？就是相信上帝浩大的愛，我們所經歷的一切，將會成為我們的幫助。在痛苦的日子過後，我們會更加清楚上帝對我們奇妙的帶領，這是一個寶貴的經歷，是上帝讓我們更加依靠祂的機會。若果我們拿出信心和勇氣，必定會感到出乎意外，原來上帝的慈愛、信實如此浩大。

## 憑著信心向上帝禱告

保羅在宣教的歷程中，常常面對艱鉅的問題，時刻感到無能為力。不過他在甚麼時候感到軟弱，就更加珍惜禱告的機會，在祈禱中領受能力，為主作工。因此，他說：「在甚麼時候軟弱，甚麼時候就變得剛強。」他憑信心踏出第一步，踏上艱辛的旅程。他在信心的抉擇中經歷上帝的豐富供應，體驗上帝的信實。他不單看眼前的事，沒有因為目前的阻礙而失卻對上帝的信心，他在每一件事上都依靠主得勝。

很多基督徒都十分謙卑，很少會大膽聲言自己成功。我們實在要學習主耶穌的謙卑、不自誇、不自大。不過我們同樣要對上帝的主權充滿信心，相信任何困難都不會阻礙上帝的工作。當我們憑著信心向上帝禱告，按著上帝的應許及心意祈求，我們可以肯定自己不會失敗，因為上帝與我們同在，上帝的大能幫助我們完成任務，並且超過我們所想所求。

## 要有清潔的心

若果我們要經歷靠主得勝的生活，我們首先要有清潔的心，將所想所求的讓主審查、讓主掌管。當我們不懷機心，不存私意的時候，上帝必定會指示我們當行的路。當我們有清潔的良心的時候，就根本無所畏懼，深信一切都在上帝的掌握之中。

我們活在這個年代，面對經濟困難危機，就要迎著這個風浪前進。我們可以灰心失意地生活下去，亦可以學習依靠上帝而生活下去。有時我在巴士上聽見有市民閒談，言談間充滿埋怨，不過埋怨不可以解決問題。與其經常怨天尤人，倒不如咬緊牙關拚搏下去。作為基督徒，我們沒有仇恨、沒有埋怨；相反充滿感恩，努力工作，有良好生活規律，不抽煙、不醉酒、不賭博，不出入色情場所。我們雖然工作辛苦，但卻心裏充滿喜樂。

## 人們不認識主

有些人不認識生命的主，沒有責任感，總是抱著不勞而獲的心態，結果，就變得自私、自我中心、不顧別人、無公德心，嚴重的就會覺得社會虧欠了他。現時香港的社會就是有不少這樣的人，抱著這樣的心態生活。有些驕橫的人試探上帝，若果上帝變一大批金在他面前，他就信。當然上帝不會理會這種人的要求，亦不必用這方法證明自己。有些人願意向上帝禱告祈求，不過卻抱著錯誤的態度，好像求神拜佛般十分功利的，幾乎要對上帝下命令；有些更妄求，貪得無厭。

## 按正意分解真道

我們向人傳福音，不是用威逼利誘的方法，而是按正意分解真理的道，實事求是地提醒人要追求生命的更新改變，要實踐重生的道理。上帝是生命的主，祂捨棄自己的獨生愛子耶穌基督，為我們死在十字架上，赦免我們的罪，使我們可以悔改重生，這是最大的禮物。可惜世人不明白上帝的愛，總是以世俗的思想來敵擋上帝。縱使面對嚴峻的經濟環境，也不懂得悔改、更新，謙卑在上帝的面前，向祂求恩典。

在這個歪曲悖謬的世代，我們必須勇敢地宣揚福音，按正意分解真理的道，要世人明白上帝的救恩。我們不應抱著投其所好的心態傳福音，相反，我們必須清楚指責罪惡，奉上帝的名傳悔改的信息。我們不必怕開罪人，因為福音是上帝的大能，要救一切相信的人。若果我們要經歷上帝的大能，首先要對福音有信心，然後求聖靈的力量充滿，讓我們放膽傳福音，我們就會播下福音的種子，使人生命改變。

## 反思問題

1. 生活順利的日子，你是否覺得一切都理所當然，忘記原來是上帝的恩典和祝福呢？

2. 生活遇到挫折的時候，你有沒有存感恩的心面對各種困難呢？
3. 在人生不同境遇中，你是不是貫徹地凡事謝恩和全然依靠主呢？

# 7 仰望上帝

## 詩四十二 1~四十三 5

### 沒有敬拜的日子

詩篇四十二篇5節是這段經文的第一個單元，5節提及「我的心哪，你為何憂悶？為何在我裏面煩躁？」究竟詩人有甚麼煩躁，內心有甚麼憂悶呢？4節交代原因是「我從前與眾人同往，用歡呼稱讚的聲音領他們到上帝的殿裏，大家守節。我追想這些事，我的心極其悲傷。」詩人回憶當年帶領會眾到聖殿敬拜，現在卻要流落異邦，在沒有敬拜的日子，內心產生無限悲哀。詩人身處的時代，相信是猶太人被擄巴比倫的時候，他們被逼離開耶路撒冷，到外邦人的地方。巴比倫人的軍事力量勝過猶太人，令這個自以為是上帝選民的民族，頓時陷入身分危機。他們亦難以明白為甚麼上帝容許選民被擄，聖城被攻陷；耶路撒冷豈不是上帝的居所，其中有上帝的聖殿嗎？他們帶著這個疑問離鄉別井，在巴比倫的地方面對異邦文化的衝擊。

## 渴慕敬拜上帝

詩篇一百三十七篇1至6節記載：「我們曾在巴比倫的河邊坐下，一追想錫安就哭了。我們把琴掛在那裏的柳樹上；因為在那裏，擄掠我們的要我們唱歌，搶奪我們的要我們作樂，說：給我們唱一首錫安歌吧！我們怎能在外邦唱耶和華的歌呢？耶路撒冷啊，我若忘記你，情願我的右手忘記技巧！我若不記念你，若不看耶路撒冷過於我所最喜樂的，情願我的舌頭貼於上膛！」詩人就是在沒有敬拜的日子，切切地渴想上帝。當巴比倫人諷刺地問：「你的上帝在哪裏呢？」的時候，他卻如鹿切慕溪水一般渴想敬拜上帝。詩人回憶當日在聖殿中崇拜的滿足喜樂，反觀今日沒有敬拜的日子，內心產生憂悶煩躁。詩人渴慕敬拜上帝，在異地沒有敬拜的日子，晝夜以眼淚當飲食。詩人渴慕敬拜上帝，親近上帝的心是何等的熱切。

## 更新的崇拜

當我思考這段經文的時候，我亦反問自己，是否如鹿切慕溪水般渴想敬拜上帝呢？當我鼓勵弟兄姊妹重視敬拜的時候，是否單單出於工作需要、職責所在呢？我可以坦誠告訴大家，近年我有一個負擔，就是參與推動崇拜更新的事奉。有些弟兄姊妹被消費心態蒙蔽，抱著觀賞大型表演的態度參與崇拜聚會，令人慨嘆。我並非第一個提出崇拜更新的人，亦不是惟一的一個。我只是將上帝放在我心中的信息與弟兄姊妹分享。大家可能覺得失去崇拜機會沒有大不了；不過大家有沒有想過能夠敬拜上帝並非必然的。

## 歌頌禱告賜生命的上帝

詩篇四十二篇6至11節描述詩人從約旦地、從黑門嶺、從米薩山，遙望以色列全境，回憶上帝在過去的日子如何帶領他走人生的路。猶太人被擄到巴比倫，不單沒有敬拜的機會，同時身陷險境，加上敵人的辱罵和嘲諷，所以詩人再次表白內心的感受，述說他的心在他裏面憂悶。詩人沒有具體説明觸發他有如此感觸的原因，他用了形像化的語言表達說：「你的瀑布發聲，深淵就與深淵響應；你的波浪洪濤漫過我身。白晝，耶和華必向我施慈愛；黑夜，我要歌頌禱告賜我生命的上帝。」（7~8節）詩人在朝不保夕的情況下，仰望上帝施行慈愛；經過一天，在黑夜充滿信心地歌頌禱告賜生命的上帝。

## 急難中的祝福

回想我和太太在德國六年的日子，期間有非常多的痛苦經驗，同時在傷心、失望、疑惑的時候，我們看見上帝奇妙的作為。有一件事對我的屬靈生命十分重要，就是大女兒的出生。由於我們身處外地，初為人父母缺乏經驗，我們已經做好準備，不過嬰孩的出生是人不能控制的。在預產期前兩個多星期，一個晚上，我太太發現小便有血，這是生產的徵狀之一。然後我們起牀，作好準備等待是否有規律性陣痛或者出羊水。等了三個小時，好像沒有異樣，我們祈禱求上帝指引，最後決定到醫院檢查一下。到達醫院後，醫生替太太檢查，突然緊張起來，表示胎兒心跳不規律，而且十分微弱，要立即動手術。當時我和太太祈禱，通知教會的牧者代禱。我在手術室外徘徊，心裏盤算究竟結果如何？若果有危險，那又怎麼辦呢？在走廊來回十多分鐘後，抬頭一望，窗外有一座教堂，屋頂有個十字架，那時我內心變得平安，我醒悟過來，生命在上帝手裏面。「復活在我，生命也在我，信我的人必永遠不死。」我反問自己，為甚麼一直沒有注意窗外的十字架。過了一會，護士抱著嬰孩告訴我母女平安。

我們經過這件事，體會上帝的祝福，對我從事神學研究亦產生影響。原來我們在急難中，會體驗上帝的信實。基於這次經驗，我們較有信心面對更大的考驗。正如詩人回想上帝恩典的時候，知道耶和華是他的磐石，縱使他面對巴比倫人的威嚇，仍然可以抬起頭來。他曉得向全能的上帝傾心吐意。「我要對上帝——我的磐石說：你為何忘記我呢？我為何因仇敵的欺壓時常哀痛呢？我的敵人辱罵我，好像打碎我的骨頭，不住地

對我說：你的上帝在哪裏呢？」(9~10 節)

## 渴望敬拜的內心

詩篇四十三篇1至5節描述詩人感覺人生充滿不公平和不公義，他質疑上帝是否保護正直的人，他的內心憂悶、煩躁。不過，他沒有因此引此生出嫉妒、仇恨或報復的心，他渴想到上帝的聖山、上帝的居所，在上帝的祭壇前敬拜。當他來到上帝面前的時候，其他一切都不重要，亦不必計較，因為他的心由憂悶煩躁變為喜樂。他並非無可奈何地敬拜上帝，而是充滿熱情地用音樂表達對上帝的敬拜。詩人帶著內心的疑惑來到上帝面前說：「上帝啊，求你伸我的冤，向不虔誠的國為我辨屈；求你救我脫離詭詐不義的人。因為你是賜我力量的上帝，為何丟棄我呢？我為何因仇敵的欺壓時常哀痛呢？求你發出你的亮光和真實，好引導我，帶我到你的聖山，到你的居所！」(1~3 節)上帝願意我們剖白，向上帝述説心底的感受，上帝樂意聽我們的禱告。問題是我們有沒有這份敬拜禱告的熱情。「走到上帝的祭壇，到我最喜樂的上帝那裏。上帝啊，我的上帝！我要彈琴稱讚你！」(4 節)

## 締造活潑的敬拜

敬拜不等於講道，整個敬拜都是上帝的聖道的表達。因此，每一個負責崇拜服事的弟兄姊妹，都是一起締造活潑的敬拜，有生命力的敬拜。我和太太在聖公會禮儀式崇拜成長，我當年擔任主禱員，要用清唱方式頌唱禱文、詩篇、信經。我十分喜歡聽古典音樂，近年接觸短詩敬拜讚美。起初我並不習慣，亦對一些內容素質差勁的短詩提出批評。不過，我總覺得活潑的敬拜並不在乎形式，最重要的是發自內心。因此，我參與不同的崇拜方式，亦十分自在。

上帝給我一個託付，就是勇敢地傳遞敬拜更新的信息。我十分明白弟兄姊妹在工作上面對大大小小的壓力，很多人渴求被安慰、被牧養、被栽培。我們在講道上服事的，必須尋求上帝的心意，以真理按時分糧。同時，我們必須緊記自己所領受的呼召，並且謙卑地與弟兄姊妹一同建造上帝的家。

## 以歌聲尊崇上帝的主權

詩人面對四面楚歌的環境，仍然充滿盼望，渴望在上帝的殿裏敬拜。舊約聖經約書亞記六章1至11節記載以色列人攻打耶利哥城的時候，首先由祭司吹角，帶領百姓繞城而行。這令我想到為上帝爭戰並非單單依靠兵器，而是以歌聲尊崇上帝的主權，靠聖靈行事。若果我們在工作上、在生活上遇到困難，我們不要灰心，相反憑信心仰望上帝，放聲唱詩敬拜，放開懷抱尊崇上帝的主權，留心觀看上帝的作為。當上帝為你開路的時候，你就知道幫助你的是萬軍的耶和華。若果我們經歷上帝奇妙的幫助，我們自然不會對敬拜苟且，相反珍惜每一次敬拜，盡心預備朝見永生上帝。

## 反思問題

1. 你是否渴望在教會敬拜上帝呢？你的內心是否充滿感謝，希望唱詩讚美上帝呢？
2. 你在患難的日子，是否相信上帝是你的拯救者呢？
3. 在人生裏面總有被不公平對待的經驗，你是否仍然深信上帝向你施憐憫呢？

# 第二部　價值觀重整

# 8 注目永恆

## 傳三 1~15

傳道書三章1節教訓我們說：「凡事都有定期，天下萬務都有定時。」我們常常互勉，上帝有祂的時間表（in His time），這就成為基督徒心裏面的一個重要提醒。我們所期待的事，不是按我們的計劃實現，而是按上帝的計劃實現。當我們再讀下去，2節上提及「生有時，死有時」，這表示凡事都有開始和結束。由開始到結束之間有一段成長和發展的過程。在這個過程裏面並非一面倒的由下往上，而是有早創期、成熟期、巔峯期，然後開始由高峯往下，漸漸失去活力，最後結束。傳道者提醒我們凡事有始有終，在開始與結束之間會有一個發展的過程，發展的規律是由幼嫩到成熟，再由成熟到衰退。

這是一個規律。

然後傳道者用七節經文表達十四種開始與結束的例子。其中包括生與死、栽種與拔出所栽種、殺戮與醫治、拆毀與建造、哭與笑、哀慟與跳舞、拋擲石頭與堆聚石頭、懷抱與不懷抱、尋找與失落、保守與捨棄、撕裂衣服與縫補、靜默與言語、喜愛與恨惡、爭戰與和好。傳道者描述人生各種的規律，包括自然規律、社會規律，甚至性格規律。在各種規律中，自然規律是每個人都不能避免的，其中就是生命開始與結束的規律。這個是大自然的規律，不單是人類甚至所有生物都有生命開始及結束的過程。

## 人會思想生命的意義

不過人類與其他生物不同，人懂得思考深層的問題，例如人的生命從何而來、人死後到哪裏、究竟人生在世有甚麼意義。縱使其他生物有特別的感覺，預先知道危險的來臨，甚至死亡的來臨，但是卻未必像人類那樣，遠在危險或者死亡尚未出現的時候，思考人生意義的問題。

其實人人都想過人生意義的問題，不過不同的人有不同的答案。有些人覺得生命從何而來與死後到哪裏的問題，遠超人的知識範圍，所以採取不可知的態度，然後用一個非常實際的處理方法將這些非常重要卻難以回答的問題放在一邊，集中精力為自己的人生設立一個又一個的目標，使自己不致枉費光陰。這樣的人在社會上應該算是懂得思想和生活的人。若果有這樣積極人生觀的人加上一些社會責任感，將會是難得的好人。

## 沒有想過生死的問題

在社會上有很多人是無神論者，每日生活都沒想過生命由來及死亡的問題，但是他總有會到醫院探病，亦總會遇上親友離世的情況。可惜不少人沒有把握尋找真理，只會依從民間宗教傳說，接受死去的人在另一個世界需要房屋、汽車、金錢、電視、手提電話、電腦，甚至各種娛樂。這是活著的人的心理願望，沒有事實根據。當大部分的人在安排喪禮的時候，要為死者提供上述東西的時候，大家亦不會反問究竟人死後往哪裏去，就按照習俗進行。其實大家有沒有想過人死後到哪裏，身體的器官機能活動停止，入土為安亦會筋肉腐化，最後剩下一堆骨頭，火葬後只有骨灰。究竟人有沒有靈魂，若果有，會到哪裏？哪裏是甚麼地方？生命如何延續？這些是難以解答的問題。

很多人關心的不是死後生命的問題，而是賞善罰惡的問題。有些人在生的時候經歷苦難，覺得上天不公平，期望死後得到補償，亦希望惡人受懲罰。不過中國文化在儒家影響底下，對「天」保持距離，無法發展獨一上帝的觀點，結果給民間宗教發展的機會，塑造不少神話式人物，例如玉皇大帝、閻羅王等。很多人就不加思索接受了這一套思想，在恐懼死亡的陰影底下，祈求上天保佑。

## 接納人生的成就與局限

對我們基督徒來說，我們相信生命由上帝而來，人死後要面對上帝的審判，相信主耶穌的人可以被上帝接納，拒絕相信耶穌的人會面對審判。對基督徒來說，我們不會懼怕死亡，只會懼怕沒有按上帝的心意生活，浪費上帝賜的生命，將來愧對上帝。作為一個信主的長者，人生走到晚年，十分需要回歸生命的主。有人形容人老了，心態會變成小孩子，一個小孩子會想起父母，想起童年的快樂，想到生命的奇妙。我鼓勵主內的長者們珍惜與生命的主親近的機會，享受上帝所賜的恩典，以感恩的心過每一天的生活。

13節教導我們說：「並且人人吃喝，在他一切勞碌中享福，這也是上帝的恩賜。」傳道者教訓我們為所得的一切感恩，享受上帝所賜的福。人在自然規律的局限底下，亦受著其他規律影響，例如社會規律和性格規律。有些人胸懷大志，亦有才華，可惜卻不能配合社會規律，結果亦無法發展他的志向。社會規律有很多不同的面相，例如團體規律，若果你是一個崇尚民主，凡事商量討論的人，當你在一間家長式甚至家族式的公司工作，就會面對不協調的困難。此外，血緣規律亦是十分明顯的，中國人喜歡用人惟親，所以在家族企業裏面會有很多有血緣關係的人，不管他們是否有能力。

9至10節描述人生的一個景況：「這樣看來，做事的人在他的勞碌上有甚麼益處呢？我見上帝叫世人勞苦，使他們在其中受經練。」究竟人一生勞碌有甚麼收穫呢？人付出勞力是否一定有成果呢？若果沒有成果，人又如何面對呢？傳道者解釋在人的勞碌背後有上帝的主宰。可能大家內心就會發出一種指責，為甚麼上帝要令我如此勞苦，為甚麼如此待我？若果大家有這個想法，是思考宗教信仰問題的開始。若果我們從一個較濶的層面看，人是需要宗教的，因為人需要為一生走過的路找出一條線索。不少人覺得自己的人生支離破碎，沒有秩序，一片凌亂。所以不少人四處尋找出路，有些向風水命理求幫助，有些向各種偶像求幫助。各位弟兄姊妹，你向誰求幫助呢？你是否向賜生命的上帝求幫助呢？有些人埋怨自己的際遇，希望偶像使他運程改變。中國人有句話：「命不可改，但運可以轉。」按中國儒家的講法，人要安身立命，所以命是要順天意藉德行建立的。但是很多人沒有考慮成為一個有道德的人，只希望運程改變成為一個有財有勢的人。對年長的弟兄姊妹來說，是否感到滿足呢？是否為他們的人生感恩嗎？是否為他們家庭感恩嗎？是否為他們工作的成果感恩嗎？

作為基督徒有一種福分，就是不需要逞強，在人面前扮演「強者」的角色，我們在上帝面前活出真正的自己，坦然將順境逆境交上帝掌管帶領，不計較其他人的評價，存著感恩的心走上帝為我們預備的道路。這樣我們信主的人才會站立得住，接納自己的成就和局限。

## 人是天地間的微塵

11節教訓我們說：「上帝造萬物，各按其時成為美好，又將永生安置在世人心裏。然而上帝從始至終的作為，人不能參透。」在希伯來文的原意來看，「永生」是指「永恒」或者「隱祕」的意思。人與其他生物不同的地方是有時間與永恆的觀念。人會知道生命有由來，亦有結束，同時人除了知道每天有早晨有晚上之外，亦會明白人生存在時間的維度底下。若果我們推想下去，人生存在世的時間十分短暫，不能跟獅子山、維多利亞港相比。在我們未出生之前或者死去之後，獅子山、維多利亞港已經存在或不會消失，除非有人為的破壞，或者大自然災難。

一般來說，人在天地間只是一粒微塵。不過當我們往外推想，究竟宇宙從何而來的時候，我們會碰到究竟宇宙是上帝創造還是永遠存在，又或者像科學的大爆炸理論所描述的方式產生呢？在神學上，宇宙創造的一刻就有時間，在宇宙未被創造之前，只有上帝永恆地存在。若果我們追索宇宙的起源，便會碰觸上帝永恆存在的課題，亦會涉及時間與永恆的課題。

## 人生的使命

在創世記二章15節記載上帝對亞當的命令：「耶和華上帝將那人安置在伊甸園，使他修理，看守。」上帝給亞當的工作是「修理看守」。在創世記一章26節記載：「上帝說：『我們要照著我們的形像、按著我們的樣式造人，使他們管理海裏的魚、空中的鳥，地上的牲畜，和全地，並地上所爬的一切昆蟲。』」上帝將管理世界的任務交給亞當，可惜亞當犯罪墮落，結果終身勞苦，才能從地裏得吃的（創三 17 下）。所以我們在世上勞碌，沒有收穫是由於始祖犯罪的後遺症。由此，整個人類與上帝脱離關係愈走愈遠，用盡各種方法解決內心的不安，但是仍然覺得一切都是過眼雲煙，「虛空的虛空」。

究竟人可以怎麼找到心靈的滿足呢？傳道書三章11節提到，在人內心有永恆意識，短暫的東西無法滿足永恆意識的需要。我們的出路就是返回生命的主，將生命的主權交給主，讓祂管理和帶領，並且將精力投資在永恆的事情上。

## 建立別人的屬靈生命

甚麼事情具有永恆的價值呢？建立別人的屬靈生命就具有永恆價值，你們有沒有想過為上帝建立更多屬靈上成熟的基督徒呢？主內的長者可以不擔任職位，但是可以盡弟兄姊妹的責任關心別人。我們不是因為職位在身才去關心；而是因為我們是主的兒女，所以自動關心別人。除了關心人以外，各位亦可以成為代禱勇士，天天為別人祈禱。

主內長者人生經驗豐富，容易體會人內心的矛盾和掙扎，表達方面會更加恰當，所以你們是上帝的精兵，在其他弟兄姊妹背後的屬靈後盾。當摩西帶領以色列人前進的時候，摩西舉手禱告，以色列的勇士在前方爭戰。同樣，主內長者亦可以在禱告上支持其他弟兄姊妹為主爭戰。14節提醒我們說：「我知道上帝一切所做的都必永存；無所增添，無所減少。上帝這樣行，是要人在他面前存敬畏的心。」我們需要繼續保持對上帝敬畏的心，直到見主面。長者的榜樣十分重要，他們敬畏上帝，把握時間關心別人，建立別人的屬靈生命，就找到具有永恆價值的事奉。

## 把握機會造就人

15章教訓我們說：「現今的事早先就有了，將來的事早已也有了，並且上帝使已過的事重新再來。」原來上帝是不斷工作的上帝，很多事情好像重重複複，但是上帝卻賦予它的意義。有些人看慣人世的變遷，心灰意冷，對人不信任，甚至憤世嫉俗，整個人變得沉默寡言，不願與人交往，將自己困在一個小圈子裏面。我勉勵所有灰心失意的弟兄姊妹返回生命的主的懷抱，讓上帝安慰你，讓上帝使你看見事奉的機會，看見自己在上帝的國度的位置，即使到了人生晚年仍然存著感恩的心接受身體衰退的自然規律，以感恩的心接納自己的成功和局限，並且把握機會為上帝建立別人的屬靈生命。

## 反思問題

1. 人生有生老病死的規律，你是否欣然接受這個事實呢？

2. 人希望實現理想，可惜有很多局限，你能否感恩地接受這樣的的人生呢？
3. 人無法將短暫的事情留住，只能寄望永恆。你現在追求的是短暫的還是永恆的事情呢？

# 9 眼望永恆

## 林後四 16~18

保羅勉勵哥林多教會的弟兄姊妹說：「所以，我們不喪膽。外體雖然毀壞，內心卻一天新似一天。」一個真正信主的人，內在生命必然發生變化，隨著歲月的消逝，人的身體機能逐漸退化；不過對上帝的信實應該有更深認識。一個初信者，起初在理智上明白聖經的教訓、基督教基本信條，參加教會活動，在生活形態上增加了很多基督教的元素。不過，保羅提醒我們最重要的是內心要有更新。若果一個信主的人，只是在既有的生活習慣之上，增加一些宗教活動，卻沒有正視自己的思想、言語、行為，那只能算是十分表面地作基督徒。一個認真信主的人，必須願意接受聖經的教訓來審查自己的人生觀和價值觀。

## 衰老的中年

當我們讀有關保羅的生平事迹的時候，我們都會認為保羅是個偉人。保羅確實是個偉人，亦是上帝重用的僕人。當然我們有很多地方比不上保羅，不過可以從他的生命中學習做一個蒙上帝喜悅的基督徒。

我想每個中年人都會有一點兒衰老的感覺。在外形上，他們會有白頭髮、脱髮的情況；在體重及身形上會愈來愈重及肥胖。除了這些外形的改變外，他們內心亦起了變化。本來中年人在壯年階段，應該是充滿魄力的，是精力最旺盛的時候，可是很多人都常常有一種疲態。不單這樣，人到中年就會有很多疾病浮現。我一向十分熱愛足球運動，進修期間由於拚命學習，在一九八六至一九九七年間甚少參與足球運動。由於長時間閱讀書籍，九一年底患上飛蚊症，眼睛容易疲倦；後來更出現頭暈現象，結果證實患上「老花」。這對我來説是一次自我了解的改變，我只得接受自己開始老化。

## 內心需要更新

對於基督徒來説，我們在面對老化的時候，內心需要更新。既然我們餘下的日子只有短短二三十年，我們更加應該珍惜這些日子。當我們面對身心開始衰老，甚至身體開始衰敗的情況的時候，我們是否有好像保羅一樣不灰心喪膽呢？

我們是否還是仍然在懷緬過去，仍然為了過去的挫折失敗耿耿於懷，總是要將自己困在為過去自卑自憐的境地呢？保羅提醒我們要心意更新，內心要一天新似一天。當我們能夠靠著主的恩典，忘記背後，努力面前的時候，我們就可以經歷心意更新而變化的真實，以致我們如鷹展翅上騰，心境可以返老還童。

今天很多人仍然成為過去的奴隸，整個心靈都被過去某件事件所囚禁，無法看見海闊天空的世界。有些人努力擺脱這種心靈的困擾，卻無法自拔，原因是我們還未懇切的在上帝面前禱告祈求；又或者我們嘗試禱告，可惜卻缺乏耐性，很快就放棄了。對很多年青人來説，身體衰敗可能是比較遙遠的一件事，不過人總會成長，總會與年青的日子告別。當我們仍然擁有青春的時候，就應該珍惜機會。若果能夠早一點在內心裏面擺脱短暫虛空的追尋，注目永恆，將來所得著的將會更大。

## 看輕短暫的痛苦

17節教導我們要看輕短暫的苦楚，看重那將要成全的無比榮耀。主耶穌基督輕看十架的羞辱，忍受沉重卻短暫的痛苦，成就上帝的救恩。主耶穌基督能夠為全人類的救恩付上代價，獲得永遠的榮耀。保羅亦學習主耶穌忍受短暫的苦楚，在有限的人生裏面實踐上帝的使命，結果他得到後世基督徒的景仰，同時亦得著上帝的賞賜：十字架的冠冕。

## 考驗熬煉人心

一個事奉上帝的人，會經歷無數的考驗與磨練。疾風知勁草，大多基督徒在極其惡劣的環境底下磨練出對上帝的無比信心。當我們接觸中國大陸的弟兄姊妹的時候，我們會十分欣賞他們的屬靈追求態度。他們對於參加聚會十分認真，對於講解聖經的課程十分重視，差不多連一個字也不放過。他們的知識水平並不高，但是他們卻有一種單純的心，由於他們有這種簡單的信心，可以安然接受艱難的歲月、貧窮落後的生活。

住在現代城市的人會懷疑簡樸落後的環境怎可以生活，沒有舒適環境居住的人怎會有滿足喜樂呢？不過一個人是否滿足喜樂，並不在於擁有甚麼，或以甚麼方式生活。有些人批評這樣想的人頭腦簡單，不過亦有些人以「難得糊塗」來提醒自己。有些時候頭腦簡單會快樂一點。一個凡事斤斤計較的人，常常會因為著眼於自己未能獲得最大益處而失望。若果我們做一個統計，問一問到底有多少人會為現時的生活狀況感到滿足，相信不少人會回答我對現時的生活不滿足。至於不滿足的程度則因人而異。其中大部分的人會回答說：「比上不足比下有餘」，能夠以「比上不足比下有餘」作答的人，已經是十分知足的。這類人可以在未如人意的情況下安然生活，不過在我們身邊卻有不少人活在極度矛盾、極度悲傷的環境裏，他們對人生失去希望，對前途沒有信心。香港經歷九七金融風暴以後，很多人變成負資產、失業，頓時就覺得自己身陷危險邊緣。有些人生活習慣沒有規律，用信用卡缺乏節制，以致債台高築；亦有些人染上賭博的習慣，結果欠債纍纍。其中很多人不懂得如何面對逆境，結果情緒低落，精神崩潰。

## 看輕短暫的苦楚

當人活在艱難困境的歲月，更加需要找到人生的目標和方向。若果人的生命只有短短數十年，那麼難怪有人以今朝有酒今朝醉的態度生活。一種沒有明天的人生觀根本無法推動人前進。

在地上一個人、一個國家如果能夠努力不懈，力爭上游，結果都會有所進步。在屬天的事情上，基督徒若果願意付上代價，在艱難困苦的日子存著感恩的心，努力生活，盼望著上帝的恩典祝福，結果就是經歷上帝莫大的祝福。在事奉的事情上，我們同樣需要學習看輕短暫的苦楚，看重將來所成就的永遠榮耀。保羅本來與常人無異，與你和我一樣是普通人。不過當他經歷主耶穌的拯救以後，他就深信上帝是真實的上帝。當他身處險境，四面受敵的時候，他也不懼怕，靠著上帝的力量忍受苦楚，為要讓福音廣傳。

今日很多基督徒都是十分被動的，他們希望教會提供妥善的主日崇拜、主日學、托兒服務、青少年團契等，自己卻希望這一切首先由別人去承擔。亦有些基督徒為了追求有系統的栽培教導，紛紛轉往人數眾多的教會聽道。我希望教會人數增長，有條件的教會發展得更加好，不過我更願意看見較小型的教會亦同樣有增長，以致整個香港教會都積極起來。若果我們要看見這遠象實現的話，首先就要付上代價，在最基本的事情上開始。當我們在付上代價的時候，常常思想看輕至暫至輕的苦楚，為了成就極重無比永遠的榮耀的道理，就會更加明白保羅的意思。今日我們還有生命氣息，能夠為上帝工作，實在是上帝的恩典，若果我們能夠為上帝的緣故，經歷艱難困苦，相信更是我們的福氣。

## 不是顧念眼見的事

18節教導我們不是顧念眼見的事，而是眼所不能見的事；不是短暫的事，乃是永恆的事。保羅在信主後，發現先前他認為寶貴的東西一文不值；他並非心理不平衡，或者有過分厭世的心理。他沒有半點逃避世界的態度，他是看破世界的短暫，從永恆的角度看今生。保羅因為永恆生命的緣故不再執著在地上的成敗，使他內心獲得釋放。保羅成為一個自由的人，內心擺脱各種人間的價值判斷，他不必為了滿足別人，而成為別人心中的一個人。他能夠重尋自我。他經歷內心的釋放，並且願意將這個釋放人心靈的福音傳給那些活在苦痛之中的人。保羅並非出於無可奈何而去傳道，而是經歷內心的改變，甘心樂意地承擔起傳道的職責。保羅願意一生以傳道為念，原因是他看見傳福音使人生命改變那神聖的召命。保羅在傳道的過程中，充滿壓力，不過他卻靠主的力量，一一克服。原因就是他將目光注視永恆的主，不再以短暫的成果來看得失。

## 眼望永恆

當一個人能夠眼望永恆的時候，就能夠對在世上各種人生起跌有一種新的視野。當我們將眼光集中在這位掌管萬有的主的時候，很多世上相對的事情都獲得解決。很多時候，我們會介意，或者執著一些事情，可是這些事情在整個宇宙中只不過是一件微小的事，又或者在一個人的一生裏面只是其中一段插曲。眼望永恆，才會使人發覺時光流逝，在人世間的事情一切都是相對的、會改變的。眼望永恆會使人更加體會自己是客旅，寄居在世，是住在帳棚裏面的天路客。當我們的人生完全集中於為自己建造地上的王國的時候，我們就是將人生的精力投資於短暫有限的事情上。當我們發現地上的事容易消逝，不能持久的時候，就覺得自己浪費寶貴的人生，消磨自己在那些自己也不能完全控制和掌握的事情裏面。

有些弟兄姊妹與我分享，準備提早退休，並且接受神學訓練事奉上帝。他們並非逃避，而是覺得地上事業的成就不能完全滿足他們生命的內在要求。他們要尋找上帝在他們身上的計劃，為上帝工作，參與永恆價值的建設。有些弟兄姊妹發現參與短宣事奉，是投資永恆的方法，亦有些弟兄姊妹以投身教會事奉為植根永恆的方法。有些弟兄姊妹卻願意放下一切，專心追尋認識上帝，作為對永恆的渴望。我十分佩服那些甘心樂意放下一切跟隨主的弟兄姊妹，他們將前途交在上帝的掌管底下，上帝會親自塑造他們成長。當我們看別人的見證的時候，會發現上帝使用各種考驗，使一個委身於祂的人變得更加成熟。當我們將最寶貴的價值放在永恆生命，上帝永恆的國度的時候，我們會發現上帝會記念我們在地上的需要。

## 主掌管明天

我們的上帝是我們最大的依靠。當我們覺得生活缺乏安全感的時候，我們會更加清楚人生最大的保障是在上帝裏面；當我們無法控制自己的前途的時候，上帝是那位帶領的主；當我們身處的環境變幻莫測的時候，亦是我們學習以信心生活，眼望永恆的時候。眼望永恆，使我們在風雲變幻的日子，仍然安然渡日，同時可以鼓勵我們繼續奔走這條屬天的旅程。

## 反思問題

1. 當你年紀漸長的時候，是否失去衝勁呢？你是否來到上帝面前尋求更新突破呢？
2. 你是否看輕人生的失敗，並努力不懈地前進呢？
3. 你是否希望為世界帶來更大的影響呢？若果是的話，你是否從永恆的角度看現在呢？

# 10 我們要甚麼？

## 約一 35~42

自九七年回港後，有機會到不同教會講道，重新認識香港教會。從弟兄姊妹參加崇拜的表現，令我思想一個問題，究竟今日香港基督徒的屬靈光景如何？究竟我們對信仰是否有正確的理解？當我讀約翰福音一章35至42節的時候，發現有重要的提醒。當施洗約翰和兩個門徒看見主耶穌路過的時候，就說：「看哪，這是上帝的羔羊！」那兩個門徒就跟從了耶穌。耶穌看見他們跟隨著，就問他們說：「你們要甚麼？」他們說：「拉比，在哪裏住？」然後就跟隨耶穌同住。這段經文指出施洗約翰對兩個門徒推介主耶穌，祂是上帝的羔羊，是要除去世人罪惡的主。那兩個門徒就把握機會，尋找這位拯救世人的主耶穌。他們相信耶穌是救主，能夠處理他們生命裏面的罪。他們要信耶穌，要經歷生命的內在改變，渴望成為一個重生的人。

## 沒有正確把握信仰的意義

耶穌曾經說從果子可以知道樹的健康情況。若果我們在日常生活上和在教會生活上都散漫，可以推想個人屬靈生命亦是散漫。歸根究柢，就是我們對信仰的意義沒有正確的把握。今日很多人抱著所有宗教都導人向善的想法，因此信主與信其他宗教沒有分別。有些人認為信仰是精神寄託，所以是滿足個人需要為主。有些人認為信仰可有可無，信則有，不信則無，所以，仍然是以自己出發。不過，信仰並非像在超級市場買貨，隨隨便便，信仰牽涉一個嚴肅的決定。信仰並非一種心理投射，信仰的對象是一位全能偉大的上帝。當我們面對上帝的時候，就是面對一位創造天地的主。這位主是人類的根源，而且掌管世界歷史，亦是我們生命的源頭。我們相信上帝，敬拜上帝是回歸本源，過一種合乎上帝心意的生活。信仰正確的態度是以上帝為中心，以上帝的心意為依歸。

今日有人為了兒女能入讀基督教學校而加入教會，亦有人為了其他原因信主，這都不是信仰正確的態度。不過，上帝仍然忍耐，希望我們由自我中心改變為以上帝為中心。一個基督徒不斷學習從上帝的角度看自己、看人生、看人際關係、看成敗得失。我們信主耶穌是上帝的獨生子，不單是在頭腦上接觸一種信念、一個理論，而是一種將自己人生的主權交由上帝掌管的抉擇。我們背誦主禱文意思表示我們尊重上帝的主權，願意上帝主導我的人生。

## 需要親身經歷上帝

很多基督徒喜歡聽別人的見證，不過我們的信仰不能單單建立在別人的見證上面，我們需要親身經歷上帝。今日很多基督徒沒有經歷上帝，只有追求聽別人的分享經歷，信心仍然十分幼嫩。因此，我們首先要在上帝面前禱告，求上帝的聖靈光照我們，讓我們看見自己屬靈的光景，重新恢復純正無偽的信心，以上帝為中心，信仰這位赦免人罪惡的主。

## 教會增長在於領人歸主

當我回港後，發現教會流行教會增長理論；我有機會聽一些介紹，亦看過一些資料。當我協助教會發展的時候，我們搜集過一些教會個案資料，亦參觀不同教會。由於在神學院事奉的緣故，我們有較多機會接觸來自不同教會的神學生，其中有教牧同工；有些時候我們在不同場合認識來自五湖四海的教會牧者，從他們身上也學習了不少功課。當我在協助教會事工期間，同樣希望明白教會如何增長，我確實看見上帝的工作，因此我自己亦得到很大鼓勵。我請教一些教牧同工，他們如何評價教會的增長呢？令我最深印象的是我們不單看數字。原因是教會佈道事工的真正實力，是要從領人歸主來衡量的。

## 提高會眾的屬靈素質

今日很多基督徒參加教會是抱著一種非常被動的態度，有些是在原來教會事奉到一個枯乾的地步，亦有些是經歷人際衝突離開，亦有些內心充滿被傷害感覺。大部分轉會的弟兄姊妹都不願意積極投入事奉，只希望靜悄悄地享受主日崇拜。有些弟兄姊妹結婚後發覺自己教會的兒童事工長久沒有發展，因而覺得需要尋找一些提供高素質的兒童事工的教會。有些人購置新居後發覺路途遙遠，因而找一間交通方便，而講壇有分量，牧養有素質的教會。

我經過數年的觀察，一間三百人聚會的教會，其中只有數十人是熱心活躍投入事奉的，其餘的會眾有一部分是慣性地參與主日崇拜，有一部分是抱著觀眾的心態參與崇拜。若果主日崇拜時候，會眾習慣遲到，甚至早退，可以推論這個教會的屬靈光景並不健康。一間健康的教會必然會增長，不單人數增長，同時屬靈素質增長。

由於我對教會有期望，所以我對弟兄姊妹參與崇拜的表現有很大感觸。我會問究竟我們為甚麼加入教會？為甚麼每星期參與教會主日崇拜呢？究竟我們是慣性地打發時間，或者以心安理得的理由安慰自己，抑或以到此一遊的心態觀摩，還是抱著敬畏上帝的心崇拜主呢?今日很多基督徒生活無力,對上帝信仰的態度不認真,在教會的事奉上苟且,在家庭及工作上沒有見證,令人擔心他們只是名義上作基督徒,實質上是無神論者。

## 參加教會就是與主同住

當我這樣講的時候,並非不了解今日弟兄姊妹在工作、家庭、教會所承受的壓力。我們幾乎連收拾家居的時間也沒有,睡眠不足,精神衰弱,身體有各種毛病。我們實在需要空間,我們在工作上被傷害,人際關係緊張,我們有苦難言。弟兄姊妹,上帝並非不知道,上帝十分明白我們。我們的難題,不是用人的方法可以解決。我們必須回到上帝那裏,將眼光仰望上帝,放手,敬拜那位永活的上帝。我們盡了最大的努力,就要學習交託,讓上帝工作。當上帝施行大能的時候,我們就發現任何的難題都有出路。

主耶穌問那兩個門徒說:「你們要甚麼?」他們說:「拉比,在哪裏住?」他們要與耶穌同住,他們要求跟隨耶穌,並非求甚麼好處。我們加入教會好比與耶穌同住,與祂有更深入的溝通。上帝樂意親近我們,我們亦應該樂意親近上帝。大家可以想一想,我們能夠敬拜上帝的年日並不多,上帝悅納出自內心的敬拜,有些人抱著「打卡」簽到的心態參加主日崇拜,十分可惜,因為他們失卻與上帝溝通的機會。究竟我們為甚麼加入教會?

為甚麼要敬拜上帝呢？究竟我們對上帝的敬拜是否合乎上帝的心意呢？

## 上帝使用人傳福音

39節記載那兩個門徒要與主耶穌同住。其中一位門徒是西門彼得的兄弟安得烈，後來他就向哥哥作見證，說：「我們遇見彌賽亞。」跟著帶領彼得見耶穌，然後主耶穌說：「你要叫磯法。」意思是彼得，亦是磐石的意思。安得烈與耶穌同住一天，歡喜快樂地將他的經歷向親人分享。他遇見彌賽亞，與耶穌一起的時候，應該提出了一些信仰問題，獲得啟迪，然後帶著一種新發現、雀躍地與別人分享。安得烈領西門彼得到主耶穌那裏，成為上帝工作的一個機會，可以說，上帝透過安得烈引領彼得到主耶穌面前，並且塑造彼得成為日後教會的領袖人物。因此，我們向人傳福音並非人的工作，而是上帝透過人作的事情。

## 踏出信心的第一步

今日很多基督徒抱著個人主義的心態信主，加入教會，並且在生活上作「潛水」或者隱形的基督徒。有些弟兄姊妹不願在工作上表露基督徒的身分，恐怕不利於工作。公開承認主是十分重要的；我們承認上帝，上帝亦承認我們。

在我屬靈生命成長的初期，牧者提醒我們基督徒是門徒（disciples），是跟隨基督的人，意思是在生活上跟隨基督。若果我們的信仰停留在頭腦上的認知，沒有回應的行動，我們還未達到上帝的期望。所以，我們不單到教堂參與主日崇拜，同時要有投入事奉的心志。一個願意事奉的人，恩賜是愈來愈多的，信心也會愈來愈大。若果我們常常覺得自己屬靈生命軟弱，總是希望獲得栽培，而忘記付出的時候，我們亦不會在屬靈生命上長進。

今日很多基督徒到教會都希望首先獲得牧養，這點可以理解。因此，我們要憑信心用上帝的說話滿足人的屬靈需要。但是我們同樣要學習踏出信心的第一步，參與事奉。當然事奉可以在教堂內，亦可以在家庭裏、工作上。總而言之，我們要坐言起行。若果我們不清楚可以怎樣事奉，我們首先向上帝禱告，上帝必定會指引我們的方向，最重要的是我們有行道的決心。

## 同心付出

若果我們的信仰生活，只停留在例行參加主日崇拜，沒有在生活上積極見證主，我們的屬靈生命亦不會平衡發展。很多時候，我們會期望教會提供這樣那樣的服務。當然教會的事工需要與時並進，但是我們每個信主的人都需要付出、分享。有些人會說我一把年紀、不識字，我怎可以貢獻教會呢？我認識有一位九十六歲的老姊妹，她除了參加中文主日崇拜外，下午又參加英文主日崇拜，她不識字，但她渴慕主道，她每天參加教會祈禱會，為教會的牧者禱告，為教會的需要守望。這一羣老弟兄、老姊妹是教會的祈禱勇士，我親眼看見他們的祈禱，成為教會增長的動力來源。他們不單熱心祈禱，甚至連教會主日崇拜週刊的釘裝也甘心樂意幫忙，分擔行政同工的辛勞。所謂見微知著，教會的教導十分重要，若果弟兄姊妹對上帝缺乏敬畏的心，對聖經的追求淡薄，自然對屬靈的事、教會的事，愛理不理，又或者充滿血氣地行事。

## 禱告帶來能力

今日有些弟兄姊妹抱著消費主義的心態看待教會，可惜卻沒有愛教會的心，甘心樂意為教會守望，支持教會的心。一間教會愈是不長進，就會令人失去向心力、歸屬感，信徒亦會錯誤地將牧者視為提供屬靈服務的工人。一間重視禱告的教會，傳福音及見證的能力亦會特別強。沒有禱告的教會，只會消耗精力處理一些複雜的問題，沒有餘力推動聖工。沒有禱告的教會，亦不會挑戰弟兄姊妹負起傳福音，領人歸主，見證基督的使命。結果，弟兄姊妹輕忽門徒的要求，眼光停留在追求自己益處的地步。因此，我們實在迫切需要回到上帝面前，禱告求上帝加添力量，負起傳福音，見證主的工作，實踐門徒精神，跟隨主耶穌。

## 反思問題

1. 你為甚麼接受耶穌基督為救主呢？
2. 你為甚麼受洗加入教會呢？你明白教會存在的意義嗎？
3. 你如何見證基督呢？為甚麼投身事奉呢？

# 11 信徒要追尋甚麼？

## 林前一 21~25

哥林多前書一章21至22節上指出：「世人憑自己的智慧，既不認識上帝，上帝就樂意用人所當作愚拙的道理拯救那些信的人；這就是上帝的智慧了。猶太人是要神蹟……」保羅提出猶太人在宗教上渴求看見神蹟奇事。保羅所指的猶太人是一般的猶太人。當主耶穌傳道的時候，時常治病趕鬼，很多人相信祂是上帝的兒子和救主。不過，主耶穌並非為了證明自己的身分才施行神蹟，祂是基於慈悲憐憫的心腸，看見人的需要，內心的痛苦掙扎才施行神蹟釋放人。而主耶穌十分清楚人的宗教需要，祂沒有嘩眾取寵，只是選擇了以受苦僕人的角色完成上帝的託付。祂在一生的傳道旅程中，算不上成功，祂被釘死在十字架上。祂沒有大祭司的尊榮，卻成為最完美的祭品，甚至成為比摩西更尊貴的大祭司。不過，這種光榮卻是用犧牲和受苦換來的。使徒保羅傳揚主耶穌基督的福音，亦沒有甚麼有利條件。他受猶太人逼迫，沒有大批聽眾，三次傳道旅行，都是建立新的教會。教會的成員並非上流社會人士，其中有少數是商人、知識分子、軍人，大部分是普羅大眾。保羅一生默默地支援這些歐洲及小亞細亞的中小型教會。保羅深知猶太人渴求神蹟奇事，但是他沒有以神蹟奇事作為傳教手法，爭取猶太人入教。他甚至獻身外邦宣教工作，選擇一條艱難的道路，忠心地傳揚主耶穌基督的福音。

## 認識客觀的聖經真理

當我思想保羅的傳道原則的時候，發現保羅有清楚的宗旨：沒有取悅羣眾，忠於上帝的福音。我想保羅的見證可以提醒我們作為基督徒，要清楚自己應該在屬靈生命成長上追尋甚麼為重點。

我發現近年有些弟兄姊妹傾向追求神蹟奇事，作為支持信仰的核心。其中有些基督徒甚至以為聖靈工作的方法，是透過雙氧水使人身體奇妙地恢復健康。我也發現有些弟兄姊妹從一些機構學習的某種對祈禱及屬靈爭戰的觀點，在神學上頗為偏差。我是一個十分重視禱告的人，亦鼓勵弟兄姊妹恆切禱告，彼此代求。不過，我們禱告是尋求上帝的心意，並非勉強上帝以神蹟奇事作回應，又或者上帝要用某種特定的方法表示祂的行動。對於在教會中沒有特殊經歷，覺得傳統教會沉悶、缺乏靈命栽培的年青人來說，這些十分吸引。不過，我要提醒大家，我們不是追求神蹟奇事，這並非靈命更新的關鍵。我鼓勵大家不單追求一種激情或者感覺，更要認識客觀的聖經真理。

## 不是追尋世俗的人生智慧

22節下說：「希臘人是求要智慧」指出希臘人是求智慧，保羅不是為了討好希臘人，將十字架福音講成一些人生哲理。保羅堅守福音立場，沒有將挑戰人委身的信仰貶值為一種精神寄託。對某些人來說，他們會認為信仰是概念化、理論化的活動，與現實生活無關。其實這並不正確，信仰是與生活息息相關的，是支持我們生活的力量。如果這個世界有上帝，這個是怎樣的上帝，祂是否可以掌管宇宙、歷史、人生方向；為甚麼世界充滿苦難、罪惡等等呢？信仰並非一個隨便的決定，而是選擇在人生路上，走基督徒的道路。過去有些修士，因為對現實世界缺少認識，而獻身作修士，結果發現自己並不適合而還俗。這正好反映當我們對信仰了解不夠深入，對作要付出的代價不了解的時候，最終會感到後悔。

## 多反思基督信仰

有些中年的弟兄姊妹會有屬靈更新的經驗：發現自己心

靈上的空虛，屬靈生命上的缺乏，後來突然醒覺。我基於這些見聞，會比較主動挑戰弟兄姊妹在信仰上委身。我不願意以壓迫的手法，或者洗腦式的方式，將人塑造成一些沒有主見的基督徒。我個人熱愛思考反省，並且深信真理是不怕驗證的。我鼓勵弟兄姊妹在思想方面，多反思究竟基督信仰是否惟一的真理：你今天為甚麼仍然是基督徒呢？你是無可奈何地參加教會崇拜，還是要讓你的家人感到滿足而出現呢？究竟基督信仰在你的心裏面，是否無法被取代？你選擇基督信仰，是否在善與惡，真理與異端之間作出抉擇，還是你覺得信主與否，沒有甚麼分別？

當我們的信仰流於一種精神寄託的時候，我們只會在各種宗教和哲學境界中飄浮，享受自由自在的精神世界，安於在現實生活中，劃出一個小小的空間給上帝，可惜卻沒法認識上帝是我生命的主的事實。當我們將主耶穌基督的福音貶值為一些道德教訓或者做人道理的時候，就會將上帝的真理等同於人生的經驗或者人生的智慧。當然聖經十分重視人生的經驗及智慧，不過卻提醒人要敬畏上帝，而不是以自己為中心。

## 按聖經真理熱情投入

我十分明白弟兄姊妹將信仰等同文化生活，參加教會崇拜是生活習慣的一部分，基督徒的身分是自幼由父母賦予的情況。我亦明白那些大半生在教會成長，熟習教會運作，卻沒有信仰熱情的弟兄姊妹的心境。人生智慧並非冷眼看人生，在世上打滾幾十年的人，一切都「看得化」。這並非信仰的智慧。一個有上帝的生命的人，是從上帝的眼光看事情，是充滿熱情的為上帝工作，直到返回天家。所以，當我們發現大部分有良好教育背景，事業穩定，人生經驗豐富的兄姊，採取疏離的態度對待信仰的時候，我們沒有別的選擇，只有上帝向他們發出挑戰，表明信仰需要委身及投入。若果我們從人的角度看信仰，會斤斤計較，保護自己，讓自己浮遊於精神寧靜的境界中，不吃人間煙火，不捲入人事鬥爭裏面，甚至在教會亦保持距離地參與。信仰不是只有激情，同樣，信仰亦不是冷漠抽離的。信仰是在聖靈感動底下，按聖經真理熱情投入。

## 信徒追尋十字架的基督

23至25節教導我們說：「我們卻是傳釘十字架的基督，在猶太人為絆腳石，在外邦人為愚拙；但在那蒙召的，無論是猶太人、希臘人，基督總為上帝的能力，上帝的智慧。因為上帝的愚拙總比人智慧，上帝的軟弱總比人強壯。」保羅面對猶太人及希臘人對宗教的不同訴求，沒有按市場需要，討好羣眾；他只有一件事，就是傳揚那位被釘十字架，從死裏復活的耶穌基督。他沒有追求羣眾的掌聲，只管深信福音是上帝的能力，是上帝的智慧。保羅的見證提醒我們在屬靈生命成長方面，不是追求神蹟奇事，不是追求世俗的人生智慧，而是追尋十字架的基督。

## 需要嚴謹的崇拜神學

近年香港華人教會傾向將信仰演繹為心理輔導、心靈治療，優點是幫助人從壓力中釋放，在空虛的心靈中得安慰。不過，這種將信仰軟性化的詮釋亦有後遺症，就是強化信徒參加主日崇拜，以發洩個人內心感受為目的，追求情感上滿足，以為激情就等於靈命更新。

我個人非常渴求屬靈生命更新和復興，亦希望教會更新和復興。我希望教會有情理兼備，承繼傳統與開放改革的信息。歷代教會秉承大公教會信仰傳統，宣認〈使徒信經〉，〈尼西亞信經〉，〈亞他拿修信經〉，並且承繼教會的靈修及禮儀傳統。早期教會的神學思考是在敬拜和頌讚底下形成的。三一上帝信仰與崇拜中對三一上帝的敬拜是不可分割的。

隨著時代改變，崇拜形式亦會出現改變，不過任何一種崇拜模式，都應該有嚴謹的崇拜神學在背後支撐。崇拜的焦點是敬拜三一上帝，因此，在宣召的時候，焦點是提醒人放下世間的事務，朝見永生上帝。宣召的禱告並不等於代禱，而是呼召人敬拜上帝。第一首詩歌的焦點是以歌頌聖父、聖子、聖靈三位一體上帝為主；第二首歌的焦點是配合節期、主日的詩歌；第三首詩是講道後的回應詩。整個崇拜都是以上帝的聖道為中心，帶領人朝見永生上帝，聆聽上帝的說話。有些禮儀的教會唱頌詩篇、聖頌，亦有代禱時間。

我們需要重視崇拜神學的理念，要注重以上帝的聖道貫串整個崇拜，按講道的主題及信息配合適當的詩歌，不能偏重以人感受為主的詩歌，要有頌讚三一上帝的詩歌，有回應講道的詩歌。我們在屬靈生命成長的焦點是十字架的基督，透過這位受苦的主耶穌，我們親近上帝。我們重視聖靈的工作，不是抽離聖父和聖子來高舉聖靈。我們所敬拜的是三位一體的上帝，藉著在歷史上受苦受死的耶穌基督，我們領受從上帝而來的聖靈。

## 反思問題

1. 你是否以激情的感覺來確立自己的信仰呢？
2. 你是否尋求與上帝的關係更新呢？
3. 你是否追尋認識那位在十字架上受苦的基督呢？

# 12 如何經歷豐盛的生命

## 約十 10下

情緒低落有很多原因。對小孩子來說，可以是事與願違，無法入讀心儀的學校，考試成績不理想，比賽表現失準；對青少年人說，是沒有朋友的接納，沒有一展所長的機會，無法入讀心儀的大學，未能找到合適的工作；而成年人，就是工作上遇阻礙、事業受挫折、與配偶溝通出問題、感情有裂痕、婚姻亮起紅燈、親子關係緊張、離婚、患病、親人突然末期病症、親人遇意外重傷或死亡，甚至自己快要步向死亡……。人每一天都有可能遇見情緒低落的情況，有些更是與成長背景、個人性格有關，例如性格內向、思想悲觀，又或者童年陰影籠罩，總是無法突破失敗沮喪的心態。

## 基督信仰的幫助

我相信正面思考，建立自信及支持系統是十分重要的，不過我更加關心如何從基督信仰的角度獲得幫助。我的經驗是禱告產生奇妙的力量。我們不單要個人私禱，更要請弟兄姊妹代禱，禱告的力量很大，讓人經歷上帝奇妙的作為。同時，讀經亦十分重要，我們面對複雜的問題，內心無法平靜，思想混亂，迷失方向。我們聽見不同的意見，有時無所適從，我們必須安靜自己，從聖經裏面尋找從上帝而來的智慧，指引人生的路程。我們亦可以找屬靈前輩傾訴，聆聽他們客觀的分析。

## 運動減壓

除了在祈禱方面從上帝支取力量疏導負面情緒外，我們亦可以藉運動減壓。我平日要求自己在固定地點專心工作，在辦公時間留在辦公室，備課到圖書館，上課就上課，每天腦部活動非常多。同時我有飛蚊症，長時間集中精神閱讀寫作會感到疲倦。所以，我會每星期跑步一次或者與同學踢足球，適度地保持身體狀態，透過帶氧運動使腦部的血液有效地循環，減少頭痛，增加面對挑戰的心力。

## 建立家庭祈禱時間

現代人工作時間長，缺乏休息，家人溝通減少，在家庭得到支持的力量減弱。其實，我們要思考如何作明智的決定，要尋找生活中的適當平衡。若果我們的情緒起伏不定，究竟是我們過度工作，沒有適當工作，還是哪些部分出現問題呢？我深信建立家庭祈禱時間十分重要，家庭是我們經歷愛與關懷的地方。若果家庭失去彼此欣賞、互相鼓勵支持的作用，我們應該檢討一下，重新將家庭帶到上帝面前，一起學習為大家的需要代禱。當我們要有效運用時間的時候，必須決定甚麼是關鍵的事，甚麼是必須及決定性的重要事情。我們不能做盡天下事，必須要有清楚的自我定位，然後集中精力前進。我們要求上帝給我們智慧作明智的決定，善用時間。當我們找到正確方向，走上合上帝心意的道路，內心的矛盾鬱結會頓時消失。

## 如何面對低落的自我形像

很多人以為自卑的人才會有自我形像低落的問題，不過，我認為每個人都有機會跌進自我形像低落的陷阱。任何人都會發現一山還有一山高，強中自有強中手。就算你戰勝羣雄，亦難免有高處不勝寒，恐怕終有一天被別人擊倒的壓力。當人朝向一個永無止境的完美境界追尋的時候，永遠都覺得自己無法合格。舊約聖經的先知以利亞，曾經在迦密山上獨力挑戰四百五十名巴力先知，他對上帝有全然的信心，又實在地行了神蹟。他是一個屬靈上的偉人。不過，當耶洗別王后要殺他的時候，他竟然落荒而逃，獨自走到曠野在羅騰樹下求死，說：「耶和華啊，罷了！求你取我的性命，因為我不勝於我的列祖。」（列上十九 4）雖然以利亞覺得自己並不如列祖般成功，但是其實他已經十分不錯。

人往往不願意接納自己的限制，設法要達到更高的標準。當然這是進取的表現，不過我們亦要接納努力的成果，未必如期望中一樣。很多人將工作的成果與自我價值等同，當我們所做的有錯誤、有瑕疵的時候，就連自己的貢獻都否定。若果我們將我們所做的作為自我肯定的地方，我們可以很痛苦。人世間很多人被失敗感控制，以踐踏別人作為肯定自己的方法。人無法接納別人比他優勝，惟有設法否定別人，作為自我補償的防衛方法。有些人面對這些情況，內心充滿憤恨，用盡方法報復，形成勾心鬥角的局面。

## 健康的自我形像

其實，若果我們有健康的自我形像，就不會太容易被外在的環境，其他人的評價而導致情緒低落。一個自我形像健康的人，會樂意接納人的意見和批評，不會覺得受威脅，甚至因為工作能得到改進而感恩。若果我們將工作視為身外的事情，成敗得失並不動搖自己在上帝面前的價值，我們可以更加釋放地工作，發揮自己的才華，更加有勇氣改進自己。

## 單純地榮耀上帝的事奉

在事奉的經驗裏面，我發現有些弟兄姊妹會過度積極表現自己，亦有弟兄姊妹過分退縮逃避，兩種表現都反映一種不健康的自我形像。當人要努力在別人面前證明自己的時候，很容易設立自己的山頭地盤，不容別人干犯。同時，亦會努力爭取表現自己的機會，以求獲得別人的注意和欣賞。

其實，我以前亦不斷反省自己為甚麼熱心事奉，是甚麼心理因素驅使。在心理學方面有一種自我實現的觀念，意思是人有一種實現理想，肯定自己的心理需要。我曾經分享在漢堡初段時期在沒有事奉中感覺沮喪灰心，但感謝上帝，我開始面對自己內心事奉的動機，上帝教導我學習單純以榮耀上帝去事奉祂。後來，祂給予我無數事奉機會，並且經歷上帝的同在。現在，更加明白自己亦會有過度積極或者過度退縮的表現。感謝上帝，當我甘心樂意事奉上帝的時候，我經歷自我的更新與重整，讓我更加認識自己的長處及限制。在上帝的愛接納底下，我可以接納自己的有限、失敗，或者自己的成功。現在，我明白我的價值在於上帝在主耶穌基督在十字架上為我的犧牲及愛護。既然上帝無條件接納我，給我生命的更新與重整，我不必用人的方法賺取救恩，亦不必以事奉來證明自己的能力。我就是我，我可以按我的真我去敬拜上帝，以真誠的心事奉上帝。

## 安靜在上帝面前

在人生成長的不同階段，我們會經歷很多的抉擇。有些時候，我們會感覺前路未明，思緒混亂，在工作上感受壓力，在繼續進修的事上尋索，在面對社會的需求與自己的興趣之間，不知道如何取捨，更重要的是不知道上帝對自己的心意。在這種未能安頓的情況底下，自我形像亦會低落。對基督徒來說，我們需要安靜在上帝面前，客觀分析各種因素，從上帝的角度審視不同的意見和聲音，從上帝領受使命及前進的勇氣，確立自我的價值。

## 在主的愛中經歷豐盛生命

約翰福音十章10節下記載：「〔耶穌說〕我來了，是要叫羊得生命，並且得的更豐盛。」豐盛生命不在乎擁有甚麼（to have），而在乎成為一個怎樣的人（to be）。成為一個怎樣的人並非指目前的我，而是上帝心目中的我，同時更是朝向未來將要成為的那個我。所以，這個我，不是靜態的，而是動態的，是將要完成的。從神學角度看自我，不單是目前的我（to be），而是那將來的我（to become），或那個將要完成的我（becoming self）。

有人形容人的一生早已被命運決定，「食幾多著幾多，整定」，又或者「江山易改，品性難移」。這些都是沒有基督信仰的人的人生體驗，的確是社會現實的寫照。不過，基督徒的人生觀絕對不是這樣。基督徒深信人生最大的問題都已經被主耶穌基督解決。人生最大的問題不是空虛、寂寞孤單、焦慮、自我形像低落，而是人與上帝的關係破裂，人被罪的勢力控制，人活在一個身不由己的狀態，心底裏無法獲得真正的滿足，一生追趕卻沒有定向，無法找到永恆的價值。當人認識主耶穌基督，承認自己是罪人，將人生前途交託上帝掌管後，我們開始經歷重生的生命。上帝應許我們，聖靈會開啟我們屬靈的眼睛，看見那擺在我們面前的光明大道，看見上帝為我們預備的人生旅程。上帝對每個信祂的人都有美好的旨意，祂不斷幫助我們突破自己，超越自我的盲點，更全面地發揮上帝在我們身上的恩賜。

## 追求屬靈生命的進深

很多尋道的人以為單單到教堂聽道理，就會自動經歷內在生命的改變。其實，單單聽道而不行道，根本沒法讓上帝的道在我們生命中生根。若果屬靈生命的根無法堅固地紮穩，日後的基督徒生活亦會起伏不定。所以，我鼓勵大家不要單做一個主日到教堂聽道的尋道者。我們不是要成為一個「打卡」式的基督徒，我們要追求內在屬靈生命的進深。當我們首先在上帝面前安靜自己，聆聽上帝的聲音，就會發現自己內心充滿不同的雜音，情緒起伏，我們要學習辨別（discernment）自己的情緒流向，並且檢視甚麼阻礙自己親近上帝。我奉勸大家主動聯絡牧者，分享內心屬靈的感受，讓牧者為你代禱，一同辨別上帝的心意。

## 清楚上帝對我的心意

近年我有機會與不同的弟兄姊妹分享他們人生的經歷。有些弟兄姊妹與我談及轉工、提早退休、奉獻讀神學、將餘生為教會服務等想法。我感謝上帝，讓我可以與弟兄姊妹一起探索他們人生的重要抉擇，這是我的光榮，這是何等神聖的一個服事。我學習到一個道理，就是首先處理好自我（to be）及將要完成的我（to becoming）的課題後，就會更加清楚如何行（to do）的部分。當我們在上帝面前弄清楚人生方向，上帝之後，我們就更加清楚應該如何抉擇，如何決定人生優先次序，如何投放精力和資源。相反，有些人為了填補波動的心靈，就向外四處拚命瞎抓，抓著外在的事情為自我肯定，執著一些根本對他生命不重要的東西，弄到自己筋疲力盡，內心衰竭。

我們信主的人，不必執著那些短暫而不能永恆的事，我們放手（let go），會獲得上帝更大的祝福。因為上帝是全能的上帝，我們只是祂人生的管家，管理生命、才幹、時間、家庭、工作等。若果我們將生命的主權交給那位本來創造我們的上帝，樂意成為祂的同工，我們會發現上帝會讓我們看見祂的大能、祂的奇妙。祂會開闊我們的眼界，拓展我們的領域，藉此彰顯上帝的國度。

## 反思問題

1. 你如何克服情緒低落的問題呢？你是否在禱告中得力呢？
2. 你如何克服自我形像低落的問題呢？你是否在上帝的接納中獲得力量呢？
3. 你如何藉耶穌基督的愛經歷豐盛的生命呢？

# 13 重新做人

## 林前六 9~11

哥林多前書三章1節形容哥林多教會信徒屬靈生命相當幼嫩，是基督裏的嬰孩。保羅寫信給哥林多教會，並非要羞辱他們，而是以父親的心腸勉勵屬靈上的兒女。六章9節上明確地提醒我們：「你們豈不知不義的人不能承受上帝的國嗎？」「豈不知」這個詞在哥林多前書出現八次，單在六章便佔了其中六次。由此可見，哥林多前書六章有強烈的提醒作用。

保羅在三章起提出哥林多教會的屬靈成熟程度與自我了解並不相符。這羣信徒都是已經接受洗禮的弟兄姊妹，為甚麼保羅對他們說：「不義的人不能承受上帝的國」呢？其實，每個信主的人、接受洗禮的人都應該對自己的信仰有要求。保羅提醒哥林多教會的信徒，若果接受洗禮後沒有認真實踐信仰的要求，恐怕屬靈生命成長停滯不前；若果在道德操守方面沒有嚴格要求，將會影響在上帝面前的關係，甚至將來在上帝永恆國度中能否承受產業也成為疑問。

## 意志上遵行上帝的命令

保羅向哥林多教會信徒提出這個警告後，列出十種不能承受上帝國度的行為：淫亂、拜偶像、姦淫、作孌童的、親男色的、偷竊的、貪婪的、醉酒的、辱罵的、勒索的（林前六 9下~10）。這十項被禁止的行為中，有六項在五章10至12節已經提及，現在加上四項，其中三項與性倫理有關：姦淫、作孌童、親男色。保羅努力傳揚上帝國的福音，提醒人接受耶穌基督的福音改變有罪的生命。因此，信主必然包括生命的轉化、行為的改變。保羅在羅馬書一章29至32節、十三章13至14節、哥林多後書十二節20至21節、加拉太書五章19至21節列舉出基督徒所禁戒的行為目錄。成為基督徒必須在意志上遵行上帝的命令，不能按自己的喜好決定哪些要求必須，哪些要求可以省卻。

對某些人來說，他們同意宗教導人向善，亦願意參加宗教活動；不過卻停留在聽道理，求心安理得的地步，以盡一點心思增加自己的修養，提昇自己的心靈素質。有些人覺得宗教講求內心的體會，不在乎外在的形式，不必事事按規矩做事，但求不虛偽不做作，所謂以「平常心」對待一切事情。若果我們是這樣想的時候，就是以自我中心的態度了解基督信仰。

## 讓上帝改變生命

基督信仰微妙的地方是人根本不能明白，因為這並非人所發現的宗教哲理，而是從上帝而來的救恩。那麼，我們怎樣能夠明白基督信仰的奧妙呢？任何人的學習都是從已知到未知，我們要解說從上帝而來的真理，亦要用人的語言。採用人的語言只不過是一種「方便」，當我們由此岸到達彼岸後，就可以放棄人固有的想法，進入上帝的心思裏面。究竟上帝的心思是怎樣的呢？上帝的拯救計劃是藉著耶穌基督徹底地改變人生命的內涵。因此，接受耶穌基督十字架的拯救，就是讓上帝的愛充滿我們，醫治我們心靈的創傷，這醫治是從童年成長留下的性格偏差、情緒困擾開始的。

我們經歷上帝的愛，在意志上選擇屬靈的世界觀，看重上帝的要求和命令，絕對不是無可奈何，亦不會覺得上帝太苛刻。我們宣認耶穌基督是上帝的大能，因為福音可以改變人的生命。所以，我們傳福音，不是向人威逼利誘，而是不折不扣地將福音的好處及上帝對人的要求一併宣講。若果你喜歡聽福音，不抗拒出席教會活動，但是卻沒有一種動力，以行動實踐基督信仰，我勸你要主動與牧者聯絡，坦誠地分享你心中的難處，不要做一個名義上的基督徒。

## 接納罪人悔改

11節提醒我們說：「你們中間也有人從前是這樣；但如今你們奉主耶穌基督的名，並藉著我們上帝的靈，已經洗淨，成聖，稱義了。」保羅的提醒並非要將人劃清界線，哪些人是優質基督徒，哪些是劣質基督徒。保羅亦沒有排斥任何人的意思，他的目的是要給予犯錯的人一個悔改更新的機會。保羅形容哥林多教會是屬靈上的嬰孩，目的並非踐踏他們，相反是要激勵他們，發奮圖強，在屬靈生命成長上努力進取。保羅在教會的教導和牧養，清楚表現一個原則，就是從來沒有降低踏入基督教門檻的要求，以增加人數。他從來沒有巧言令色，他明確地表明成為基督徒必須付上代價。他堅持屬上帝的要求，並非目中無人，他樂於走進人羣中間，以活生生的經歷演繹如何在軟弱和限制中做一個認真的基督徒。

## 正視生命中的問題

我發現教會的婦女、長者，通常都是最忠心的一羣，另外也有些忠心的弟兄。弟兄中有些是壯年迷失的，然後在接近五十歲的中年危機的年頭返回上帝的懷抱。若果論信主的年日，大部分是信主十年以內，大部分對聖經真理認識有限，生活穩定但工作壓力沉重。他們在現實世界中習慣了如何在「大染缸」中浮沉，眼看身邊的同事朋友失落，自己就受感化決志歸主。教會要牧養這一羣人並不容易。人到中年，自信心及尊嚴已經相當穩固，若果事業有點成就，通常不會浪費時間，聽一些所謂「低層次講道」或者「非專題性」的講座。事業型男性講求優質時間管理，精明投資，做個有頭腦的消費者。不過這個年紀的男性最不願意處理個人生命裏的問題，因為社會崇尚專業表現，而不是內在生命。

對這樣的人來說，任何宗教哲理都幫不上忙，若果任何一種宗教都不正視他生命中的問題，亦不敢於挑戰他按真理行事，結果仍然是以「自我中心」來決定自己要甚麼宗教、宗教的甚麼部分。所以，在宗教的層面來看，那個宗教堅持真理的要求，就可以表明那個是真正的宗教。當然，真理的層次不同，需要進行深入研究。不過，我要告訴大家基督信仰精妙之處，就是上帝接納罪人，但斥責罪惡。上帝深知人性軟弱，因此，差派獨生子耶穌為人類承受生命中的重擔，讓人可以重新做人。

## 反對同性戀行為

9節說：「你們豈不知不義的人不能承受上帝的國嗎？不要自欺！無論是淫亂的、拜偶像的、姦淫的、作孌童的、親男色的。」他清楚指出孌童及親男色是被禁止的行為。不過時移世易，歐美各國紛紛接納同性戀來自先天的傾向，並且肯定同性戀者婚姻的權利。美國麻省、加拿大及其他國家都通過了同性婚姻法。在現今道德相對化的年代,法律的依據不再是宗教信仰,亦不是絕對的道德要求,而是人的取向或者利益。所以,我們作為基督徒不必感到意外。我們所身處的社會,是一個價值多元化的社會,社會上還有很多人尚未擁有我們的價值觀,這正好證明聖經所說,我們活在一個不信的世代。

在這個不信的世代,文藝界、傳媒、政客紛紛以維護弱勢羣體的權益、打破傳統宗教道德的枷鎖為口號。他們批評宗教界反對同性戀行為時,我們應該如何自處、如何回應呢?首先,我們必須清楚表明反對同性戀行為,不過卻會接納有同性戀傾向的人。接納一個人與接納一個人的行為是兩回事。教會一如既往,反對同性性行為,同時並且鼓勵同性傾向或同性戀者接受輔導,重新做人。

不信的世界面對教會這個立場有何反應呢?其中一個反應就是以支持同性戀的「同志神學」作反駁。同志神學質疑聖經時代的倫理觀不合時宜,並要求教會不要將自己的標準加諸社會人士身上。不信的世界亦強調宗教只是純粹私人的事,不要超越心靈的範圍,干涉社會的事務。同性戀者亦爭取在傳媒表達心聲,透露自己與家人的溝通、內心的矛盾等,令人對他們的處境產生同情。電影《斷背山》描述同志牛仔那種愛情的淒美與無奈,雖然它在電影的成就上無可置疑,但是却沒有表達同志牛仔為了追尋自己的「愛情」,不惜放棄妻子兒女,這種行為對家人的傷害又如何衡量呢?

## 福音幫助人重新做人

一位男性過來人的見證表示自己曾與一位男房友相遇，從此將愛情藏在心底。他後來與女性拍拖，得到女友接納他的過去，之後與她結婚。他表示在認識自己後，不再需要不斷用自己的方法追求男性的肯定和愛。他明白在酒吧買醉之後，仍落在空虛孤單之中。當他向教會求助，他就不需靠那些短暫的麻醉，他心底那種被拒絕和受傷害的情緒，可以被驅走，並且可以重拾「做男人」的自信，走出自設的籬笆。原來耶穌基督的福音可以幫助人重新做人、懂得與人溝通、勇於改過、承擔責任。

## 反思問題

1. 信仰能夠改變人生觀從而產生行為上的改變，你是否努力以信仰對付自己偏差的行為呢？
2. 你願意接受信仰帶來的挑戰嗎？內在生命的改變並不容易，你願意踏出這一步嗎？
3. 社會風氣愈來愈開放，接納同性戀行為。你如何在這風潮底下堅持價值觀呢？

# 第三部 操練屬靈品格

# 14 認識上帝與虛己

## 詩十九篇

詩篇十九篇1節：「諸天述說上帝的榮耀；穹蒼傳揚他的手段。」「諸天」與「穹蒼」是同義詞，「述說」與「傳揚」亦具同樣意思。「手段」原意是上帝手的作為。1節下半部在原文中的排列與中文和合本的次序剛好倒轉，但卻同樣反映互相交叉平衡的結構，表達宇宙星宿排列印證上帝奇妙的創造。2節：「這日到那日發出言語；這夜到那夜傳出知識。」「這日到那日」原意是日日，「這夜到那夜」原意為夜夜。「發出」與「傳出」是同義詞，「言語」與「知識」是對偶平衡。作者以對偶平行的方法表達出日日夜夜川流不息，連綿不絕地顯明上帝的啟示。日間出現的是陽光，夜間出現的是月亮星宿。無論日夜都顯出上帝的榮耀，宇宙周而復始地見證上帝的創造。3節:「無言無語,也無聲音可聽。」詩人一方面形容宇宙的運作正如訴説上帝的作為,另一方面卻形容宇宙默默無言地向上帝讚美,並向人顯示上帝的啟示。宇宙的奇偉本身是一種無言的傳遞方式,使人聆聽上帝的説話。

## 認識神乃創造者

4節:「他的量帶通遍天下,他的言語傳到地極。上帝在其間為太陽安設帳幕。」「量帶」的原文有呼喚的意思,與聲音及言語同義。希臘文七十士譯本翻譯為「聲音」,將3與4節連在一起了解,表達上帝的創造既是緘默地見證上帝的偉大,亦是明確地傳遞上帝榮耀的信息。「上帝在其間為太陽安設帳幕」,在古代近東世界裏面,巴比倫的太陽神與埃及的日神都被神化,而詩篇十九篇沒有將太陽視為神,相反強調上帝安排太陽的位置,究竟那位置在哪裏呢?有聖經學者認為「其間」(*bahem*)應該是 *bayam*,意思在海中,而海位於西方,因此上帝為太陽在西邊安排了憩息之處。5節:「太陽如同新郎出洞房,又如勇士歡然奔路。」詩人用擬人化的手法描寫太陽的活動有如新郎般欣喜,亦好像充滿活力的勇士前進。這都是描寫日出時充滿希望,帶著光輝普照大地。6節:「他從天這邊出來,繞到天那邊,沒有一物被隱藏不得它的熱氣。」自日出到日落是一個完整循環,活動井井有條。太陽發出的熱力遍及萬有。有學者認為 *hamath*可譯作「熱氣」，亦可譯作「帳篷」。無論哪個翻譯，都表示太陽的影響範圍浩大，正好說明上帝的能力、上帝奇妙的創造。

## 世界乃上帝的設計

詩人將人日常生活所見所聞述說出來，其實我們每天都會經驗日出、日落，大家都是日出而作，日入而息。縱使我們清早起來，跑進地鐵車廂，然後上班，甚至在露天的通道行走，我們總會在辦公室窗外看見太陽的光輝。很多人由於趕上班，根本忘記室外的柔和日光，一整天都埋首於文件裏，坐在電腦面前工作，然後下班。有些忙於進修，有些回家享受天倫之樂，有些約同朋友外出消遣。如此，又是黑夜。很多人在晚上獨個兒在天橋上散步，在山頂遠眺五光十色的香港夜市；有些攝影愛好者把握那段時間捕捉鏡頭。不過亦有人舉頭仰望天上的月亮繁星，如此又渡過一天。可是我們有沒有想過這個宇宙並非出於偶然的呢？詩人告訴我們他觀看宇宙的變化，確信一位創造者使日月星宿各按其位；這個浩瀚無邊的世界，不是一場胡鬧弄成今天的樣子，乃是上帝的設計。

可惜，很多人對於宇宙無言無語的信息充耳不聞，可能人的心靈被世上很多東西充塞，以致我們無法聆聽大自然所述說的信息。保羅在羅馬書一章19至20節教導我們說：「上帝的事情，人所能知道的，原顯明在人心裏，因為上帝已經給他們顯明。自從造天地以來，上帝的永能和神性是明明可知的，雖是眼不能見，但藉著所造之物就可以曉得，叫人無可推諉。」其實上帝在宇宙間已經顯明祂的能力與榮耀，不過人卻是沒有察覺。

## 體驗上帝的創造

很多時候我們祈禱讀經，都是在匆忙中進行，感覺上有點像交差。其實我們十分需要安排一些親近大自然的機會，讓我們更加感受上帝的同在。上帝的創造默默無聲地傳達上帝存在的信息，可是我們卻未必有足夠的敏感度體驗上帝的說話。可能大家會問究竟我怎樣可以提高對上帝創造力的敏感度呢？簡單來說，就是反璞歸真，回復平淡的生活，不嚮往物質的享受，讓心靈不致被金錢、名譽、權力、工作等所綑綁，讓我們接觸花草樹木，在山水之中尋找心靈的滿足。

## 認識神的律法

7至9節由上帝的創造轉而論及上帝的律法。其中用了六個不同的性質形容上帝的律法。7節上說：「耶和華的律法全備，能甦醒人心。」「全備」有完整及完美的意思，與13節的「完全」或「無可指責」相同。耶和華的律法是一種訓導指引，能夠成為人心的良藥，喚發人心，使心靈疲乏者感到重新得力，使心靈承擔重壓的人得到釋放。

7節下：「耶和華的法度確定，能使愚人有智慧。」「法度」

與聖約有關，「確定」表示可靠及不會改變。認識上帝的律法使人不單以守規則、不犯錯的眼光看待與上帝的關係。相反地，是以上帝的約為先，把握上帝的應許永不改變，不致搖動，使我們不致成為盲目的人，胡亂嘗試，而是有智慧地行事。認識上帝的律法使我們在人生的路途上知道如何進退、如何自處。不少人心亂如麻，在混亂中作出錯誤的決定。很多人都有一種「頭痛醫頭，腳痛醫腳」的心理，眼裏只看見經濟的問題；其實人的困境不限於經濟領域，同時包括靈性的領域。我們並非經濟有困難而陷入困境，而是我們對經濟的觀點錯誤，導致我們錯誤地運用資源才引致經濟問題出現。

## 將不永久的視作為永久的

其實，經濟問題只是香港社會問題的冰山一角；從屬靈的角度來看，人最大的問題是將不永久的視作為永久的，將不朽壞的取代不能朽壞的。當人離開上帝而生活，就將今生的成就、享樂作為人生最終的價值，誇耀自己所擁有的。可是這都不能持久。有些人經歷生意上的失敗，破產以後就會深刻體會，沒有甚麼可以確定，沒有甚麼可以保證。香港人的拚搏精神很強，博彩心態亦強，敢於冒險嘗試。不過人真的可以誇耀自己嗎？若果我們在這個紙醉金迷的社會隨波逐流，最終就會失敗，徹底的失敗。上帝的律不單是教人向善的道理，而是有權威，是出自上帝的口，是立定天地的。

## 尊重上帝的律

8節上：「耶和華的訓詞正直，能快活人心。」「訓詞」有規則的意思。人的缺點是不喜歡被規律限制，若果大家坐火車、機鐵、地鐵，總會發現乘客尚未離開車廂，已經有人由外面擁進來。沒有規則，就沒有秩序，在屬靈生命的成長方面，我們不能只求感覺舒暢，而忽視上帝律法的要求。我接觸過一些到教會崇拜的人，他們好像看表演的觀眾般追求一些感覺，令自己在心靈獲得釋放及快樂，可惜卻沒有考慮服膺在上帝的律法底下。

屬靈上的規律是首先尊重上帝的律，然後心靈才得到滿足快樂。上帝的律是正直的，是不偏不倚的，是指引我們走正路的。有些弟兄姊妹以為屬靈操練是指追尋一些高深莫測的經歷，其實屬靈操練可以是平凡地過一種有紀律的生活，按上帝的律為人處事。可能有人會問：那豈不是十分沉悶嗎？有些弟兄姊妹以為沒有規則才能發揮創意，其實藝術家那些自由創作的靈感，缺少了純熟的手法與技術，亦無法表達出其優美之處。試看一看那些成功的藝術家，都是有紀律地鍛練自己掌握各種技巧後，才能在意念上作出突破。同樣，我們亦需要有正確的屬靈觀，就是渴慕上帝正直的訓詞，按上帝的標準糾正自己的錯誤。

## 律法明亮人的眼目

8節下：「耶和華的命令清潔，能明亮人的眼目。」「命令」原意是誡命。箴言六章23節指出：「誡命是燈，法則是光，訓誨的責備是生命的道。」上帝的命令清潔單純，毫無雜質，好比日光的光潔。

我的眼睛不好，有「飛蚊症」，所以常常提醒自己的眼光有不少盲點，需要用另一個角度來思考，不要自以為是。我並不喜歡自己的視力限制，但卻覺得那總比心眼盲目來得好。若果我們有正常的視力，卻被誤用、濫用，甚至看不見上帝創造宇宙的事實，又看不見聖經的真理，又看不見自己的罪，結果就是盲目地在屬靈生命上步向死亡。上帝賜給我們肉眼，可以看見很多事物，同時上帝賜給我們心眼，讓我們看見屬靈的事。不過，我們活在被造的世界中，看慣了被扭曲的現實，習非成是，良知也失去功用，久而久之對屬靈的事亦失去敏感度。因此，我們需要上帝的律法提醒我們，擦亮我們的眼目。

9節上：「耶和華的道理潔淨，存到永遠。」這節經文可以有不同的翻譯，「耶和華的道理」可譯作敬畏上帝。「敬畏上帝是智慧的開端」是詩篇一百一十一篇10節、箴言一章7節及九章10節的共同教訓。智慧乃上帝律法的本質，遵行上帝律法的就有智慧，智慧出自上帝的話，因此順服上帝的話、上帝的律，就得著智慧，使我們的人生站立得穩。當人發現世間的虛幻，總會嚮往找到有永恆價值的東西，使自己安身立命。上帝的律法就是人安身立命的基礎。

## 上帝的律法比蜜甘甜

9節下：「耶和華的典章真實，全然公義。」當我們看社會上的法律會隨著時代變遷而修改，不單是遷就處境的修改，同時是內容及精神的修改，我們會反問究竟法律是否真正達到公平呢？例如以往同性戀行為是違反刑事法例的，現在已經廢除這點。此外，有同性戀團體要求通過反歧視法案，要肯定同性戀人士對社會的貢獻。諸如此類的例子，令我們反思究竟法律的制定反映社會中權力的遊戲結果，還是反映大家共有的道德良知、共同尋求的普遍有效的標準呢？在現實社會中我們會發現價值的相對性：你認為是對的東西，可能有人反對。每個團體，每個人都會有其價值取向，結果就是多元化。究竟上帝的律法是否也是文化的產物呢？當然上帝的律法在歷史及文化中形成，可是卻出自上帝的命令，它乃是全然公義、絕對的。

詩人經過反思，得出一個結論，就是上帝的律法「都比金子可羨慕，且比極多的精金可羨慕；比蜜甘甜，且比蜂房下滴的蜜甘甜。」（10 節）認識上帝的律法好比尋找到寶藏般喜樂。

很多基督徒在靈命上沒有成長，就是沒有羨慕上帝的話語和律法的心，只是規律地作基督徒，完成例行的本分。這樣的態度就是將上帝的話看為可有可無，或者是錦上添花；在生活安舒以後，找一些屬靈的娛樂。讀上帝的話、上帝的律法，可以讓上帝的光輝照透我們黑暗的生命，令我們重新得力，令我們不再被罪惡控制，讓我們可以歡喜快樂地遵行祂的命令。

## 認識自己的軟弱

11至14節描述人的有限、人的軟弱，人需要上帝的教導。11節：「況且你的僕人因此受警戒，守著這些便有大賞。」「警戒」可譯作被照亮、蒙光照。上帝的律法使我們可以看透世情，洞悉人生的虛幻，注視永恆，只要我們尋找上帝創造的秩序、人生的規律，自然獲得報賞。

在社會上，很多人都會很有智慧地學習政治的遊戲規律、經濟的規律；可是他們都忽視一種更加基本的規律，就是上帝創造人的規律。祂既然是創造者，當然將人生活的原則及標準安排好，可惜不少人以為不需要學習如何去做人、生活，便按自己的想法處理自己的事。有些人活了數十年，漸漸發覺自己那一套行不通，開始尋求宗教的智慧。其實上帝的律已經十分明顯，道理亦明確，只是人喜歡偏行己路，以致常常陷在混亂的狀態裏面。我們尋求上帝，首先要謙卑，不要自以為聰明，不要為自己誇口。我們愈是抬舉自己，就愈容易失去認識上帝的機會。用另外一個角度來說，一個認識上帝乃創造主，與及上帝的律法的人，自然會謙卑自己。

謙卑是否缺乏自信的表現呢？現代人講求自信，在工作上要對自己有信心、有把握，這是專業的表現，是成功的必要條件。我們習慣了在一個強調自信的文化中生活，而這種自信很容易令我們覺得一切都在自己手裏，我可以控制一切。其實真正的自信必須建立在真正的自我了解上面。我想很多人十分需要對自己有更深的了解，我們可以從不同方面了解自我，不過有一個向度是絕對不可缺少的，那就是屬靈的向度。

## 必須知道自己的錯失

12節：「誰能知道自己的錯失呢？願你赦免我隱而未現的過錯。」詩人祈禱，求上帝光照他，讓他對自己有更正確中肯的評價。很多時候，人與人都會有磨擦、爭執，男女朋友間、同事間、兄弟她妹間、夫婦間、家人間……都會有互相爭持的機會。我們往往會覺得自己有理，當然有些時候我們十分有理，不過有些時候就是各有道理，有些時候是我們強辭奪理。不過我們很少會察覺自己的錯誤，因為有很多錯誤是隱藏的，是不容易察覺的。

若果我們希望在屬靈生命上成長，我們必須存著謙卑的心，祈禱求上帝光照我們，讓我們看見我們的本來面目，然後再思想上帝的愛是毫無保留、毫無條件地給予我們。祂在十字架上為我的軟弱、為我的罪過承擔懲罰，使我們脫離罪疚的控訴，使我們生命上得著改變。這實在是我們不配領受的。認識上帝的人自然會虛己，因為我們清楚明白自己不可誇、不可取，我們在心靈裏面的良善都是有限的，都是在罪惡的心靈中的一點點美善而已。我們原來以為自己比上不足，比下有餘，甚至覺得自己也算不錯的人。其實在上帝面前只不過與世人一樣，都是罪人，活在罪惡的誘惑底下，離開了上帝。

## 不任意妄為

13節:「求你攔阻僕人不犯任意妄為的罪,不容這罪轄制我,我便完全,免犯大罪。」有聖經學者認為「不犯任意妄為的罪」可譯作「狂妄自大的人」,意思是遠離兇惡。無論是哪個翻譯,都指向一個事實,就是謙卑向上帝禱告,祈求上帝攔阻不致誤交損友,錯誤地犯罪離棄上帝。

在我們的生活裏,常常會浮現不同的慾望,這些慾望往往以願望的方式出現,例如一個可以容身的房間,一輛可以代步的汽車。這些願望可以是為了個人需要、為了家人需要。可是合理的願望亦可以引發不合理的慾望。本來我們需要一個容身之所,當我們想下去的時候,就會想到子女的學業需要:若果我們找到好的校網地區就最理想,以為這亦沒有太大的偏差。再進一步就是希望那幢房子有多一些房間,使居住空間大一點。當我們從正常的願望再往前走的時候,我們便會想到有朝一日要住豪宅。其實很多人活在有「屋」而無「家」的狀況底下,他們拚命工作,留在房子的時間遠遠比女傭少。他們為了改善生活以致夫婦缺乏時間溝通,大家回家後已經筋皮力竭,無心溝通,只好抱頭大睡。如此的生活就是由正常的願望變成慾望,然後他們活在這個慾望的枷鎖底下。其實,房屋、汽車都是身外物,有其功用,但卻不是我們的主人。

此外,慾望亦在不同環境出現,我們經常聽到有人離婚,原因是有第三者。婚外情的事令一個幸福家庭破裂。可能出現這個結局的最初原因只是對異性的好感而已。由於沒有節制，發展出一些不正常的感情，當人被情感蒙蔽的時候，就無法自拔，陷在矛盾自責裏面。有些人帶著罪疚感離婚，令到家人受傷。可見一些任意妄為的罪，可以構成更大的罪。詩人的禱告是謙卑地求上帝除去我們出自情慾的渴求，不貪戀不應該屬於自己的事物，忠實誓守自己的盟約，在愛情及婚姻上經歷上帝的祝福。詩人在默想上帝創造的奇妙、律法的權威的同時，看見自己的有限和無知，便謙卑自己向上帝祈求，不遇試探，不遇危險。

## 蒙神悅納的意念

14節：「耶和華——我的磐石，我的救贖主啊，願我口中的言語、心裏的意念在你面前蒙悅納。」有聖經學者認為這節中的「言語」與2及3節中的言語互相呼應，當人認識上帝的說話的時候，心裏亦會趨向上帝的要求，以致人追求將上帝的心意成為自己的心意。屬靈生命的成長沒有甚麼既定的程序，而是生命的相通。當人願意放下自己的意願，謙卑承認上帝的主權，讓上帝掌管使用，我們就會經歷上帝的能力、上帝的更新改造與及上帝的帶領。

## 反思問題

1. 宇宙按自然規律運作，你相信上帝是宇宙的創造者嗎？

2. 面對浩瀚的穹蒼，你是否覺得人實在渺小呢？
3. 一個不認識上帝的人會很容易自我中心，你認識上帝後是否尊敬上帝，以上帝為生活的中心呢？

# 15 耶和華衡量人心

## 箴十六 1~9

箴言十六章1至9節是一個完整的單元，重點是上帝的主權和人的道德責任。箴言以生活經驗作為題材，講述敬虔的道理。1節從人的回答開始，進入人的內心世界，然後指向耶和華的話，層層深入，擴闊人的眼界，讓人看清自己的責任和限制。

在文學特色方面，1節的「應對」，原文是*ma$^a$neh*；3節「人的所作」，原文是*ma$^a$seh*，兩者在音韻上有關係。1節的「心中謀算」，原文是*maarke—leb*；「舌頭的應對」的原文是*ma$^a$neh lason*，亦是在音韻上相關。在內容上，1節的「應對」，與十五章23節有關連：「口善應對，自覺喜樂；話合其時，何等美好。」至於1節的「心中謀算」，與十五章11節有關係：「陰間和滅亡尚在耶和華眼前，何況世人的心呢?」十六章1節並非將「心中謀算」與「舌頭的應對」截然二分，因為所思想及表達的，同樣是那個主體，是個別的人。作者將「心中謀算」歸於人的活動，將「舌頭的應對」歸於上帝，並非指人可以不經思想而説的話就是由上帝而來的對應。作者所要表達的信息是人心中的謀算及回應都是源於上帝。他要將人的回應與上帝的話連在一起，卻要凸顯人的限制在於只有心中的謀算，成功與否只在於上帝。我們可以更準確地説:「心中的謀算在乎上帝的旨意，舌頭的應對，由於耶和華。」

從結構上來説，1至9節可以分為三部分:1至4節上是上帝的主權與人的責任，4節下至7節是上帝的道德標準與人的責任，8至9節是總結。不過，我們將從生活實踐的層面重新組合經文的重點，幫助我們更明白經文的教導及它對我們的意義。

## 耶和華憎惡驕傲的人

十六章5節教訓我們説:「凡心裏驕傲的，為耶和華所憎惡;雖然連手，他必不免受罰。」耶和華上帝憎惡驕傲的人，十五章25節記載:「耶和華必拆毀驕傲人的家，卻要立定寡婦的地界。」我們的上帝是一位公平的上帝，為弱者伸張正義，懲罰欺壓別人的驕傲人。十一章20節教訓我們説:「心中乖僻的，為耶和華所憎惡;行事完全的，為他所喜悦。」上帝喜悦內心清潔單純的人，恨惡心中詭詐的驕傲人。十一章21節記載:

「惡人雖然連手，必不免受罰；義人的後裔必得拯救。」十一章21節及十六章5節都教訓我們雖然惡人聯手行惡，也逃不過上帝的懲罰。

六章16至17節記載了七宗罪：「耶和華所恨惡的有六樣，連他心所憎惡的共有七樣，就是高傲的眼，撒謊的舌，流無辜人血的手，圖謀惡計的心，飛跑行惡的腳，吐謊言的假見證，並弟兄中布散紛爭的人。」箴言的作者用了人身的器官來描述惡行的始源，例如高傲看不起別人的眼，撒謊、作假見證、散佈紛爭的舌，流人血的手，急速行惡的腿，思想惡行的心。在這七種惡行的起源裏面，出於舌頭的惡行有三種：說謊、作假見證、散播分裂的種子。

## 遠離惡事

我們發現社會上有很多人有豐富的學問，有專業的資歷，可惜在內心卻充滿邪惡、欺騙。為甚麼人會是非不分，甚至明知錯誤仍然讓自己繼續犯錯下去。箴言的作者揭開人性的醜惡後，提出一條解決的出路。這條路並非依靠人的力量去離惡行善，而是藉著上帝的憐憫和赦免，使人的生命獲得救贖。十六章6節教導我們說：「因憐憫誠實，罪孽得贖；敬畏耶和華的，遠離惡事。」箴言的作者教訓人要敬畏耶和華，因為祂是真理的主，亦是倫理的主。在人間難以定對錯，在上帝是有公平的判斷。箴言的作者指出上帝是充滿憐憫和誠實的上帝，我們要省察自己的心思是否純正，十六章17節教訓我們說：「正直人的道是遠離惡事；謹守己路的，是保全性命。」自以為聰明的人，缺乏危機意識。十四章12節形容：「有一條路，人以為正，至終成為死亡之路。」所以，我們需要緊記，不要按我們的標準判斷是非，而要按上帝的標準衡量人心的標準作準則。若果我們將自己看得太高，將自己的取向視為真理，很容易將自己的偏好，看成絕對的真理。我們需要有勇氣，讓上帝衡量我們的內心，讓我們看見自己的屬靈盲點。

## 功不抵過

很多時候，我們會遇上「灰色地帶」，難分真與假，亦難以定對錯。不過，我們必須緊記最終審判人的是上帝，我們不能將對自己有利的理由，掩飾在上帝眼中的錯誤。我們不能以「功過相抵消」的態度處理自己的行為。我們必須時刻緊記，上帝是公義的，祂發怒審判的時候，我們無法站立得住。我們的上帝有聖潔的一面，亦有慈愛憐憫的一面，當我們犯錯的時候，祂會接受我們的認罪，幫助我們獲得赦免，並且走回正路。

## 要交託上帝

十六章3節教導我們說：「你所做的，要交託耶和華，你所謀的，就必成立。」箴言的作者沒有否定人構思計劃的角色，不過卻提醒人要心思純正，同時要將思考的過程交託耶和華，讓祂的價值成為我的價值取向。

有些人誤解「謀事在人，成事在天」的意思，以為只要在計劃完成，進行宗教儀式，表示交由上帝祝福，事情就會如願以償。這種做法無疑是將上帝視為執行個人決定的工具。箴言作者教導我們首先以正確的態度和價值觀去思考，好像中國儒家所謂「先正其心，誠其意」的意思。我們構思一個計劃，必須以尊重上帝、榮耀上帝為原則。若果我們的想法從根本處違反上帝的價值標準，就不被上帝悅納。詩篇一百二十七篇1至2節教訓我們說：「若不是耶和華建造房屋，建造的人就枉然勞力；若不是耶和華看守城池，看守的人就枉然警醒。」交託上帝不單是指個別事件，而是整個人生都交託上帝。有些弟兄姊妹以為作基督徒只是認同基督徒信仰，願意參加教會活動而已，卻忽略了基督徒有不以自我為中心，而是以上帝為中心生活的意思。一個以上帝為中心的基督徒，亦可以被稱為門徒，意思是跟隨上帝的人。一個真正的門徒是樂意實踐聖經的教訓，付上代價地做基督徒。詩篇二十二篇8節教導我們說：「他把自己交託耶和華，耶和華可以救他吧！耶和華既喜悅他，可以搭救他吧！」當我們實踐上帝的價值觀，將所行的交託上帝，上帝必定保護我們。詩篇三十七篇5節亦記載上帝的說話：「當將你的事交託耶和華，並倚靠他，他就必成全。」當我們時刻實踐上帝的價值，我們就行上帝所喜悅的事。當我們行祂喜悅的事，就更加貼近祂的旨意。我們所行的就是上帝要實現的。因此，我們不是依靠人的能力完成，而是上帝使事情實現，讓我們可以更深刻體驗上帝的真實。

## 上帝擁有生命的主權

很多人用千方百計爭取更好的發展機會，用盡人的方法努力，卻沒有謙卑在上帝的面前，承認自己只不過是人，結果人生走了幾十年，發覺自己在繞圈子。有些因為心中野心太大，反而令自己在高峯倒下來；有些人在失敗中認識上帝，再一次讓上帝掌管生命，重新上路；有些人則變得灰心失望，失卻鬥志，沉迷賭博，令自己大好的前途斷送。人就是喜歡依靠自己，要一切由自己做決定，卻忘記人是上帝所造，上帝對人有生命的主權，人必須學習按照上帝設計的人生規律生活，才能達致有秩序的人生。可惜人卻偏行己路，愈走愈迷失，得到很多不能在死亡時帶走的東西，卻失去在死亡後必須抓著的東西。人活在世上，很少想到死後生命的課題，亦不會刻意思考短暫與永恆的分別。但是當人拚命得到那些只有短暫光輝的財富名譽後，就會感到心靈空虛，人生得不著滿足。

## 要接受神的引導

十六章4節是一節非常特別的經文：「耶和華所造的，各適其用；就是惡人也為禍患的日子所造。」這節經文強化了我們將生命主權交託上帝管理的教導，因為無論是禍是福，都有上帝美好的旨意。基督信仰獨特的地方不單是上帝賞善罰惡，而是縱然在痛苦逆境中，上帝亦沒有離棄我們。在上帝的主權底下，惡人的出現亦有作用，因為上帝會保守你的安全。

在社會上，人愈來愈會保護自己，不願意待人太好，免致被人利用。若果曾經被傷害，更加變得自我保護。不過主耶穌基督吩咐我們愛仇敵，為敵人代禱。為甚麼主耶穌的教訓，要求那麼高？我怎可以饒恕曾經加害於我的人呢？我不懷著仇恨渡日已經是十分大方，為甚麼要我為他祈禱求福，以愛心待他呢？原來，基督信仰獨特之處，就是無論善惡的事，都在上帝的掌管底下，無論好人壞人都在上帝的審判底下。我們要學習對上帝有更大的信心，所以要突破自己的屬靈框框，學習實踐主耶穌基督的吩咐。

## 仇敵與我們和好

很多人在艱難的時候就怨天尤人，覺得上帝對他不公平，其實上帝是人的隨時幫助，十六章7節記載：「人所行的，若蒙耶和華喜悅，耶和華也使他的仇敵與他和好。」在社會上，人總會設法打敗敵人，甚至要令對手沒有還擊之力。若果有好處，往日的敵人，亦可以成為合作伙伴。這些都是政治手段，大家都不會有真誠的信任，彼此都是基於利益的考慮走在一起。不過，基督信仰奇妙之處是上帝悅納我們的行為，可以令仇敵與我們和好。這是上帝的工作，並非人的謀算。人想盡辦法，去防範敵人，心力交瘁；但是上帝卻可以感動敵擋我們的人回心轉意。上帝要求我們行祂喜悅的事，我們有沒有認真跟從上帝呢？

## 惟耶和華指引他的腳步

十六章9節：「人心籌算自己的道路，惟耶和華指引他的腳步。」按照箴言十六章1至9節的結構來看，9節與1至3節互相呼應，表達人要將生命前途交託耶和華上帝，以上帝的標準衡量自己的動機、目標、價值。十九章21節指出：「人心多有計謀；惟有耶和華的籌算才能立定。」究竟我們怎樣可以肯定所計劃的會實現呢？首先我們要肯定上帝的主權，第二是謙卑讓上帝修正自己的想法，第三是放手讓上帝帶領前路。二十章24節教訓我們說：「人的腳步為耶和華所定；人豈能明白自己的路呢？」人要知道自己的將來，必須回歸上帝，讓上帝主宰帶領，深信上帝對我們有美好的旨意。無論人生順逆，也要深信上帝有最美好的旨意，以致我們不會終日埋怨自己的際遇，埋怨上帝不公平。

十六章33節指出：「籤放在懷裏，定事由耶和華。」意思是我們可以嘗試去構思，然而，究竟這是否上帝的旨意，我們不能隨便下判斷，必須謙卑禱告，尋求上帝的心意。因此，人必須努力尋求明白上帝對自己的計劃。

## 謀算上帝對我們的旨意

二十一章30至31節教訓我們說：「沒有人能以智慧、聰明、謀略敵擋耶和華。馬是為打仗之日預備的，得勝乃在乎耶和華。」這兩節經文更能夠凸顯人的謀算與上帝的決定。同樣，人生的目的也是預備為主作工之用，但是成功與否在於上帝的決定。因此，我們要謀算上帝對我們的旨意。我們並非謀算自己的事，而是謀算上帝要我們謀算的事。當我們積極尋索上帝對我們的心意，我們會發現上帝的作為，遠遠超過我們所能夠想像。我們會經歷奇蹟，體會上帝的能力。若果我們堅持己見，不肯放手讓上帝帶領，我們就仍然依靠自己的力量掙扎，最終會覺得缺乏動力，失去鬥志。所以，我們必須緊記十六章9節的教訓：「人心籌算自己的道路；惟耶和華指引他的腳步。」讓上帝主導我們的人生。同時，我們要讓上帝審察我們的內心世界，不要以自己的標準評定自己。

## 反思問題

1. 在滿佈灰色地帶的現實社會中，你如何遠離惡事，作一個認真的基督徒呢？
2. 在一個高舉人能力的社會，你如何謙卑地向上帝交託所計劃的事呢？
3. 基督徒相信上帝的主權，你是否接納上帝對你的引導呢？

# 16 與上帝同行的三種素質

## 彌六 6~8

### 三種不必要的祭品

彌迦書六章6至7節記載：「我朝見耶和華，在至高上帝面前跪拜，當獻上甚麼呢？豈可獻一歲的牛犢為燔祭嗎？耶和華豈喜悅千千的公羊，或是萬萬的油河嗎？我豈可為自己的罪過獻我的長子嗎？為心中的罪惡獻我身所生的嗎？」經文提醒我們敬拜上帝必須有適當的祭品，不過經文提出三種不必要的祭品。

第一種是一歲的牛犢。猶太人十分重視初熟的出產，亦認為將初熟的果子獻給上帝，是對上帝的崇敬。因此，一歲的牛犢是一件重要的祭品，是珍貴的、有代表性的。一般貧窮人經濟能力低，只能獻上班鳩、雀鳥，無法支付獻上一歲牛犢的代價。既然一歲牛犢有象徵意義，代表初出生的動物，同時具有經濟價值，按道理來說，上帝應該悅納這珍貴的祭品。先知彌迦指出上帝最欣賞的祭品不是珍貴的一歲牛犢，有些東西比一歲牛犢更加寶貴。

先知又指出獻祭的另一種不必要祭品，就是公羊和油河。以色列人喜歡將公羊及油獻祭，這是一種習俗。按常理，上帝應該欣賞。先知甚至指出，縱使我們獻上千千的公羊或萬萬的油河，上帝也不喜悅。難道先知認為人朝見上帝，不必帶同祭品嗎？先知嚴正地提出上帝並非喜悅人獻上大量的公羊或是油河，縱使這些祭品有價值，是珍貴的，但是並非上帝最看重的。第三種不必要的祭品就是獻長子，或者自己的兒女。古時迦南地流行獻人祭，不過亞伯拉罕在準備獻長子為祭的時候，上帝就阻止他，因為上帝已經知道亞伯拉罕對上帝的奉獻一點也沒有保留，然後上帝讓亞伯拉罕發現一隻兩角被扣在小樹中的公羊，就捉了這隻公羊獻祭。上帝悅納亞伯拉罕內心對上帝沒有保留，但沒有要求亞伯拉一定要獻上獨生子。因此，獻人並非必要的做法。同時先知彌迦指出，獻人祭的其中一個目的是消除人心中的罪惡。不過，獻人祭卻不能解決人內心罪惡的問題。

## 按上帝的心意崇拜

先知彌迦好像當頭棒喝般，扭轉一般人的看法。先知並非要人苟且地崇拜，而是要按上帝的心意進行。當我思想這兩節經文的時候，想到一個問題，究竟我們每星期參加崇拜，是如何預備自己呢？我帶了甚麼祭品來崇拜呢？經文提醒我們崇拜是朝見至高的上帝，究竟我是否抱著「順便」、「到此一遊」的心態參加崇拜呢？究竟崇拜對我來説是不是可有可無的呢？是否參加與不參加基本上沒有分別，只要有時間就出席呢？

現時很多人在星期日也要上班，基督徒亦會在星期日工作。我認為上帝是既威嚴而慈愛的上帝，祂會明白我們的實際情況。不過有些基督徒不是基於工作的理由缺席崇拜，而是為了子女參加比賽或者活動的緣故，將崇拜放在次要的地位。當然偶一為之，亦可以體諒，但是我們亦要思想，作為基督徒父母，必須負起教導子女認識上帝的任務。作為父母，有時難於取捨，不過，我們要反思自己對上帝敬拜，有甚麼內涵，究竟上帝是否悦納。若果我們在心態上疏遠上帝，究竟我所獻上的金錢、時間、才能是否蒙上帝悦納呢？又或者我們根本沒有考慮究竟上帝是否悦納我們的奉獻這個問題，只不過每次崇拜都會傳奉獻袋，既然「傳到面前來」，就不好意思不奉獻。其實，我們到教會崇拜，最重要的是朝見上帝。我們所做的，目的是希望上帝悦納。所以，我們不是因循例行地完成指定動作。更重要的是要得到上帝的悦納。

## 三種必備的生命素質

8節記載：「世人哪，耶和華已指示你何為善。他向你所要的是甚麼呢？只要你行公義，好憐憫，存謙卑的心，與你的上帝同行。」先知彌迦教訓我們朝見永生上帝，最重要的是有內裏的誠實，為人良善。先知提醒我們獻祭固然重要，不過生命勝於獻祭；一個人內在屬靈生命的狀態比外表的獻祭行為更加重要。若果我們只有規律地獻祭，但卻沒有注重內在屬靈生命的建立，沒有重視人與上帝的關係，我們恐怕只是表面上親近上帝，其實遠離上帝。

先知彌迦提醒我們，上帝已經將朝見上帝所必須具備的三種屬靈素質指示我們：就是行公義、好憐憫、存謙卑的心，與上帝同行。與上帝同行表示每天在生活上實踐信仰，不單只限於星期日才作基督徒，到教堂崇拜，或者那天特別寬容，特別「好脾氣」，而是在每一天都留心自己的思想和行為，是否有得罪上帝的地方。一個願意與上帝同行的人，不單是在有急切需要的時候，才留心上帝旨意，向上帝呼求。相反，我們應該在生活的每個部分，讓上帝掌權及指引，使我們時刻與上帝有緊密的聯繫。

## 行公義

上帝要求每一個敬拜祂的人，要以公義的原則待人處事。上帝是聖潔真實的上帝，沒有虛偽詭詐。因此，我們要誠實為人，以公平正直的態度處理人際關係及各種事務。當我們面對真假難分的時代，我們實在需要在心思上對準上帝，千萬不要急於求成，甚至急功近利。同時我們要建立真誠的文化，使人與人之間公正地交往。公平公正表示沒有欺騙成分，貨真價實，童叟無欺。可惜人卻會被金錢迷惑，以虛假的東西欺騙別人，我們必須抗衡這種虛假文化，提倡在社會上公平公正的善德。作為基督徒，我們首先要行事為人正直，常常對上帝存著敬畏的心，謹守自己的腳步。

## 好憐憫

與上帝同行的第二種素質是好憐憫。主耶穌基督對人充滿憐憫的心腸，希望人改邪歸正。我們也實在需要有憐憫的心腸，盡力幫助人離惡從善。其中一個方法就是積極支持在新市鎮開荒植堂。有一位女傳道與我分享她在天水圍開荒植堂的經驗，幾年間她帶領了一批婦女信主，並且有幾十位少年人參加教會活動。他們背後有不同的故事，不同的困難，但是上帝正在改變他們的命運。今日很多基督徒都慣性地出席崇拜，卻失落了對人憐憫的心腸。求上帝幫助我們體會人間疾苦，對人多一份體恤，多一份關注。

## 存謙卑的心

與上帝同行的第三種素質是存謙卑的心。存謙卑的心並不表示自卑自憐，而是深信上帝的恩典豐富，竟然臨到我這個微小的人身上。我們要緊記我們所信的上帝是全能的上帝、榮耀的上帝。我們的上帝差遣獨生兒子自卑降世，我們亦謙卑地服事人。香港是一個宗教多元化的地方，我們尊重不同的宗教；不過我們深信福音真理是上帝的啟示，比其他宗教的哲理更高。在這個宗教多元化的時代，仍然高舉基督信仰的獨一性和權威性並不容易。社會人士強調宗教寬容，並不喜歡任何宗教聲稱擁有全部真理，並且反對任何宗教上的霸權主義。作為基督徒，我們應該尊重其他宗教，不過我們又不能將基督信仰貶值成為其中一種宗教信仰，好像任何宗教都只不過一種文化傳統般。此外，存謙卑的心也是時刻想起上帝是偉大的上帝，人只是渺小的生物，人要對上帝充滿敬畏，以致行事為人，不是別有用心，而是光明正大。

## 反思問題

1. 你是否切實地按上帝的心意獻上呢？
2. 你是否以公義、憐憫、謙卑的生命素質獻給上帝呢？
3. 你是否將你最好的祭品獻給上帝呢？

# 17 向著標竿直跑

## 腓三 12~16

腓立比書三章12節記載：「這不是說我已經得著了，已經完全了；我乃是竭力追求，或者可以得著基督耶穌所以得著我的。」在這節經文裏面，保羅認為自己並非完全人，不過在15節卻記載：「所以我們中間，凡是完全人總要存這樣的心；若在甚麼事上存別樣的心，上帝也必以此指示你們。」這節經文中所指的「完全人」，可以有另外一個翻譯，就是「靈命成熟的人」。若果保羅認為腓立比教會的信徒是靈命成熟的信徒，他不會認為自己不是靈命成熟的信徒。若果他委身以生命見證上帝，不怕逼迫危險，他稱自己不是已經完全的意思是甚麼呢？按上文下理來說，保羅是以一個更遠大的眼光來看自己的屬靈生命狀態。他根據永恆的角度看現在，從他將來離開世界與主同在的屬靈生命狀態來衡量現在的光景。既然他現在跟將來還有一個時間的距離，他自然期望自己的屬靈生命有所成長。基於這種對屬靈生命成長的渴求，他自然不會覺得自己已經在屬靈生命上達到完全的地步。

## 未完全的屬靈生命

在12至16節一段經文裏面，可以發現保羅一方面十分清楚表達自己在屬靈生命上未達到成熟完全的地步；究竟保羅是怎樣看自己的屬靈生命狀態呢？其實，保羅對屬靈生命狀態有一種在地位上完全與實質上完全的對比觀念。對決志相信耶穌基督的人，在上帝面前因信稱義，成為上帝的兒女，在地位上是達到屬靈生命上完全成熟的地步。當然這是從地位及神人關係重建的角度來說，並不是表示一個剛剛決志信主的人，就立即達到屬靈生命上完全成長成熟的地步。保羅心中有這個對比的原因，主要是從他被主耶穌在大馬士革路上光照有關。保羅明白律法的限制，亦明白人不能依靠遵守律法達到被上帝稱義的地步。因此，任何宗教的修行不能使人自動達到上帝的標準。所以，他不會認為信徒可以在世上藉積極的屬靈操練，達到完全的地步。在破除任何妄想在今生成為完全人的意圖的同時，保羅亦深深明白「因信稱義」的道理，意思是當人決志接受主耶穌基督為救主的時候，在屬靈的地位上就完全被上帝接納，成為上帝的兒女，甚至有聖靈的印記，有將來得救的確據。所以，保羅有一種信徒在屬靈地位上完全，卻在屬靈的實質上未達完全的對比思想。

## 只是屬靈的嬰孩

究竟這種教導對我們今日的基督徒有甚麼提示呢？我認為保羅這方面的教導對我們有重要的提示。保羅對決志接受耶穌基督為救主的事謹慎認真。他認為一個人決志信主是聖靈的工作，亦是一場屬靈的戰爭。若果一個人深受無神論、人文主義的思想影響，一直依靠自己生活，不會覺得自己的人格敗壞到一個地步，自己不能夠改變自己，而必須接受主耶穌基督的拯救。試問這類人怎會不高舉人自己的道德責任，強調自己要為自己的行為負責。他們拒絕接受主耶穌基督為救主是有一些合理的理由的。

我們要改變這些人根深柢固的觀念實在艱難。有些基督徒認為透過友誼的建立，可以令非信徒對教會有好感，然後慢慢等待他們改變。這是一種正常的方法，不過卻不是惟一的方法。若果我們無法清楚表明福音的必要性，結果只會傳揚一種茶餘飯後錦上添花的信息，等待非信徒在沒有其他更重要的事情處理後才撥出時間出席教會活動。縱使這類人決志信主，受浸加入教會，亦只是一個旁觀者、消費者，沒有從心底裏渴慕聖經真理，追求屬靈生命成熟的熱誠。

保羅重視對福音信仰清楚的解釋，嚴正地提出人的罪性，強調人無法憑自己的努力獲得上帝的救恩，惟有接受主耶穌基督的拯救，成為上帝的兒女。這個十字架福音信息挑戰每一個基督徒要積極追求屬靈生命的成長，不要被動地等待別人提供屬靈上的教導，相反要認清自己屬靈的光景：就是在地位上是完全的，達到上帝稱義的標準，不過實質上卻只是屬靈的嬰孩，還有一段相當漫長的屬靈生命成長路程，因此不能放鬆自己的屬靈追求。

## 忘記背後的失敗

13節教導我們說：「弟兄們，我不是以為自己已經得著了；我只有一件事，就是忘記背後，努力面前的。」保羅教導我們「忘記背後，努力面前」可以有兩方面的意思。首先是忘記過去的失敗，努力面前。保羅前半生熱心宗教活動，努力學習猶太人律法，並且有強烈的宗教熱誠，甚至以捉拿基督徒為己任，以為是捍衞真正的信仰。保羅歸主後，明白自己是何等無知、何等的失敗，清楚看見自己內在屬靈的實況，在善與惡的意念中間掙扎，在理想與現實之間常常面對失敗。保羅在認識主耶穌基督為救主後，明白主耶穌基督為我們的罪死亡、埋葬，亦表示我們過去的失敗都埋葬在十字架底下。主耶穌基督的救恩，將人從過去的失敗中釋放出來，使人有一個新開始和新希望。十字架福音為我們打開一個充滿希望的未來。我們在現在仍然無法完全知道自己的未來，不過十字架福音給予我們希望，告訴我們可以努力面前。

## 忘記背後的成功

忘記過去的另一個意思是忘記過去的成功。人不能沒有成功感，人需要肯定自己，不過人不能停留在過去的成功裏面。一個喜歡懷緬過去成功的人，很難有所突破。一個好像保羅那樣奉獻事奉上帝的人，亦需要學習不斷追求屬靈生命的成長，同時在事奉上有更新突破。保羅有這種打拚的精神，並非出於個人的野心或者權力慾，而是基於對十字架福音的體驗，深切體會上帝的恩典，並且在上帝的主權底下竭盡全力為上帝打拚。同樣，保羅追求屬靈生命更新成長，亦不是為了滿足個人的理想，更重要的是為上帝的國度，為教會的需要而竭力追求屬靈生命的成長。

## 努力面前

究竟保羅這方面的教導對我們今日的基督徒有甚麼提示呢？我認為保羅的教導有兩方面的提醒。第一方面是十字架福音將我們過去的失敗埋葬。近年有很多基督徒渴望經歷心靈的釋放和內在的醫治，所以非常熱心參與這些聚會。一般來說這些聚會看重用激情的禱告和容易使人情緒認同和宣洩的詩歌幫助參加者感受心靈獲得釋放。基本上，這些聚會可以帶來參加者被釋放的感覺。不過問題是人的心靈被釋放的更加根本原因不是在於這些聚會，而是十字架的福音。我們要經歷心靈釋放主要是憑著信心，相信十字架福音是上帝的應許及拯救。我們不是憑著感覺去肯定十字架福音的能力，而是對上帝的話語及聖經權威的認信。保羅的教導提醒我們要以信心接納上帝在十字架上為我們所成就的救恩，足以激發我們努力面前。

## 回應上帝的救恩

第二方面是十字架福音激發我們回應上帝的救恩。既然上帝對我們有如此浩大的恩典，為我們開拓新的未來，我們就存著感謝的心努力面前。我們不再以自我中心追求個人的滿足；相反我們以上帝為人生的最高價值理想，為上帝的國度追求事奉的方向，為建立上帝的教會追求事奉的恩賜。我們歡喜快樂地成為上帝的同工，看見上帝國度的廣大。我們只是大圖畫中的小插圖，不過我們樂意為上帝打拚，為上帝奔跑，願意在上帝的國度中被上帝使用。當我們從教會四幢牆往外望，我們發現有數不盡的需要，我們不能滿足於自己現在的屬靈狀態。

對很多基督徒來說，年青時是最熱心的，全副精神用在團契的事奉上，甘心樂意為教會承擔大大小小的任務。當青年人成家立室，生兒育女之後，工作及家庭的責任增加，個人進修及成長佔了更重要的位置。因此，三十多歲、已婚的年青弟兄姊妹會漸漸以自己家庭和事業為重。然後在社會上奮鬥，大概在十多年後，感到物質生活條件已經達到滿意的地步，兒女亦漸漸長大，心靈感到有種疲倦的感覺，希望在信仰中重新得力。可是當我們回望過去的時候，又覺得已經走過人生黃金的歲月，好像失去了爆炸力再衝刺。在這個情況底下，我們必須以信心面向十字架，從主耶穌基督身上再次重新思考福音對我的意義，再次找回那失落的自己。

## 向著標竿直跑

14節教導我們說：「向著標竿直跑，要得上帝在基督耶穌裏從上面召我來得的獎賞。」若果我們將注意力放在這節經文的後半部，很自然會有一種為獎賞而事奉上帝，為獎賞而追求屬靈生命成長的印象。其實，這節經文的前半部「向著標竿直跑」，意思是向著上帝為他所定的目標直跑。保羅在哥林多前書九章26節教導我們說：「所以，我奔跑不像無定向的；我鬥拳不像打空氣的。」保羅清楚表示努力面前，向著標竿直跑，意思是對準上帝為我們設定的目標奔跑，而不是漫無目的四處亂跑。保羅深信上帝對人有主權，上帝為每個基督徒定下人生的目標，亦為每個事奉上帝的人設定事奉的方向。當然我們在不同階段會發現有不同的事奉和成長重點，但是整幅完整的圖畫將會在我們跑畢全程的時候，顯得更清楚。保羅教導我們要清楚上帝為我們設定的目標成長和事奉。

在這節經文的後半部，保羅提及上帝的獎賞，我們很自然會將注意力集中在為獎賞而成長和事奉方面。其實，保羅在12節已經提及：「我乃是竭力追求，或者可以得著基督耶穌所以得著我的。」而經文亦附註「所以得著我的」可以譯作「所要我得的」。對保羅來說，我們得著主耶穌基督的獎賞與主耶穌基督得著我們的心是不能分割的。我們不能只想到得著主耶穌基督的獎賞而忽略首先讓主耶穌基督得著我們的心。當我們願意被主耶穌基督得著我們的心，主耶穌基督自然會將祂對我們人生的目標、成長的方向、事奉的範圍顯明出來。我們在承認上帝的主權，將自己的人生價值放在跟隨上帝的帶領的時候，上帝就會指引當走的路。

保羅鼓勵我們向著標竿直跑，我們在過程中可能會遇到考驗、挫折、失望，心裏面產生疑惑，甚至有放棄的念頭。對我們來說，永恆的屬靈獎賞未必比屬世物質的獎賞吸引。我們踏上基督徒的道路，是走天路的旅客，我們會感到疲乏、孤單，在試探中跌倒，在困難中退縮。我們十分需要有屬靈上的同伴知己，互相支持鼓勵，一起跑這條天路。我們要清楚我們得救是因信稱義，我們的事奉不會增加我們被拯救的條件，因為一切都是唯獨上帝的恩典。我們沒有可誇耀的地方，我們不知道上帝給予我們甚麼獎賞，不過我們並非單單為了獎賞而追求屬靈生命的成長和事奉上帝。我們追求被主耶穌基督完全得著，使我們發現上帝為我設立的人生標竿，努力向著這個人生及使命目標奔跑。

## 察驗上帝的計劃

究竟保羅這方面的教導，對我們今日的基督徒有甚麼提示呢？我認為保羅提醒我們要察驗上帝在我們人生的計劃，努力朝著這個方向奔跑。很多時候，我們會關心自已有甚麼恩賜，可以在教會裏面承擔哪些事工。這是非常值得欣賞及敬佩的，不過我們要明白從大處著眼，從上帝對我們人生的計劃來思考恩賜的課題。我們首先要追求被主耶穌基督得著我們的心，並且承認上帝的主權，願意順服上帝的引領。在這個條件底下，上帝將祂的心意顯明，指引我們的人生方向、事奉目標。在這些指導原則底下，我們會確定具體的事奉是甚麼。當我們按上帝的心意尋求自己屬靈生命成長、事奉方向的時候，上帝就將所需要的恩賜加添給我們。若果我們在既定的視野底下，尋求事奉上帝的恩賜，我們極可能被自己既有和被局限的眼光所蒙蔽，失去開濶屬靈眼界、配合上帝的心意和計劃的機會。

## 屬靈的獎賞

保羅在哥林多前書九章25節教導我們說：「凡較力爭勝的，諸事都有節制，他們不過是要得能壞的冠冕；我們卻是要得不能壞的冠冕。」保羅提醒我們追求屬靈生命成長和事奉生命成長，並非為了得著物質的獎賞，而是屬靈的獎賞。保羅沒有清楚解釋屬靈獎賞是甚麼，不過我們可以肯定，當我們向著上帝為我們設立的目標奔走的時候，我們已經可以經歷上帝賜予的屬靈獎賞。我們不必將屬靈獎賞局限在離世見主後才可以獲得，其實當我們將自己的心交給主耶穌基督後，我們就已經獲得基督十字架的恩典。所以，我們應該歡喜快樂地向著標竿奔跑，努力完成上帝為我們設定的目標，盡忠地執行上帝的託付。同時，保羅提醒我們，每一個向著自己標竿直跑的人，都可以獲得獎賞。我們並非與其他人競爭去獲得上帝的獎賞，而是被上帝的愛感動，努力在自己的賽段上奔跑，完成上帝為我們設定的任務。

## 反思問題

1. 從信仰的角度來看，基督徒是聖徒，不過實質上我們仍然有很多不足的地方，重要的是我們是否追尋屬靈生命的成長。你的屬靈光景境如何呢？
2. 在人生旅途中，你是否仍然充滿衝勁和鬥志呢？
3. 在屬靈生命的追尋上，你是否相信得到永恆的獎賞呢？

# 18 求主的愛充滿我

## 約壹三 13~20

約翰一書三章14節教訓我們說：「我們因為愛弟兄，就曉得是已經出死入生了。沒有愛心的，仍住在死中。」聖經教訓我們要愛人如己，對於愛那些可愛的人，並不困難，這些道理在其他宗教及哲學都有提及。不過，「愛仇敵」的教訓是基督教的崇高理想。聖經要求我們愛那些不可愛甚至可憎可恨的人，這是超過人能夠做到的。按人的感受、人的反應，根本無法愛那些曾經有爭執、有矛盾，甚至曾經傷害我們的人。基督信仰奇妙的地方，就是我們的主親自示範甚麼是愛。祂願意原諒人的無知，願意為世人捨命。保羅在哥林多前書十三章1至3節教訓我們說：「我若能說萬人的方言，並天使的話語，卻沒有愛，我就成了鳴的鑼，響的鈸一般。我若有先知講道之能，也明白各樣的奧祕，各樣的知識，而且有全備的信，叫我能夠移山，卻沒有愛，我就算不得甚麼。我若將所有的賙濟窮人，又捨己身叫人焚燒，卻沒有愛，仍然與我無益。」

## 愛裏沒有仇敵

當我年輕的時候，決志信主並且非常熱心投入團契的事奉，幾乎全副精神放在處理團契的事情。由於自己太投入、太熱心，追求屬靈生命成長的心志強烈，不自覺地亦希望團友更加愛主愛教會。當我覺得有些團友不思進取的時候，我有一種既同情又輕視的心態，我同情他們，因為覺得他們需要鼓勵，我輕視他們因為我覺得他們並不堅強。我也開始對教會的領袖有埋怨，覺得他們對屬靈生命不熱心，只顧用制度、規則處理事務，教會的屬靈素質卻停滯不前。

我完成神學訓練後，在學校事奉、在教會擔任區牧，開始用另一個角色事奉。感謝上帝的恩典，祂用一段頗長的時間讓我獲得心靈空間、新的經歷，在另一個環境重新建立自己。在上帝的恩典底下，我愈來愈少回想往事而懷恨於心，並且開始懂得換另一個角度思考。感謝上帝的恩典，我可以與有關的弟兄姊妹恢復見面和交往。當我經歷上帝的愛改變我之後，我發覺縱使人生歷程裏面有人際關係的傷痕，但是上帝卻藉著這些經歷改造我的性格。感謝上帝的恩典，讓我學習在合作中，既不退縮，亦不給予別人壓力，在彼此造就底下互相發揮。

## 以主的愛關懷別人

其實，一個曾經遇上人際關係傷害的人，走出幽谷並不容易；同時保持喜樂的心事奉，與人互相信任地合作就更加不容易了。若果我們心底裏面的負面情緒未被處理，我們很自然處處防範，設起安全網，結果我們會非常容易從「陰謀論」的角度了解其他人的每一句說話、每一個表情、每一個動作。所以，我們現在感到人際關係緊張，一方面是當前的真實情況，另一方面是我們的心境、心靈空間縮少。為甚麼我們的心靈空間縮少，原因就是過往的怨氣未消，令我們不斷消耗精力忘記往事，卻又無法擺脫陰影，最後我們就陷在那個重述自己不幸的循環裏面。

若果我們的心靈充塞著各種仇恨、埋怨，我們就失去愛的力量，不能改變人的生命。沒有愛的計劃，不能夠發揮組織力。最可悲的就是當人內心的仇恨沒有清除的時候，甚至沒有心靈空間愛自己身邊的人，例如父母、丈夫、妻子、兒女、兄弟姊妹等。一個內心充滿愛的人，就會有自省能力，充滿自信和滿足地看自己，常常考慮如何幫助別人獲得更好的發揮和成長。同時亦敏感於自己的角色。

## 以行動關懷別人

18節教訓我們說：「小子們哪，我們相愛，不要只在言語和舌頭上，總要在行為和誠實上。」主耶穌基督教訓我們要愛人如己，甚至愛仇敵。主耶穌亦以好撒瑪利亞人的故事鼓勵人成為別人的好鄰舍。其實，每一個人都有優點及缺點，若果我們將別人的缺點放大，只將目光集中在別人的弱項方面，就無法欣賞別人的好處。我們需要提醒自己，全面認識一個人，要多留心別人的優點。

一個內心充滿愛的人，是樂意發掘別人優點的人，使別人的生命得到建立。我們關懷別人，可以分不同的層次，我們最容易在別人危急、最需要支援的時候表達關懷。17節說：「凡有世上財物的，看見弟兄窮乏，卻塞住憐恤的心，愛上帝的心怎能存在他裏面呢？」這提醒我們要樂於在物質上分享，千萬不要以「平平安安回去」這等話打發別人離開。我們實在需要學習從心底發出對別人的關懷。當別人有經濟需要的時候，我們應該樂於分享。很多時候，我們會擔心人心險詐，會偽裝可憐，騙取別人的愛心同情。因此，我們會變得保護自己，甚至保護教會。無錯，我們不能給人一種錯誤的信息，以為物質的分享是理所當然，或者會源源不絕，甚至會沒有終止的一天。不過，我們可以清楚表明物質的分享是基於主耶穌基督的愛，希望他們在人生路上找到上帝。

## 關心別人的屬靈需要

而我則樂於鼓勵人委身上帝的服事。當我發現弟兄姊妹在屬靈生命上停滯不前的時候，我會感到一種動力，讓我關懷弟兄姊妹屬靈生命上的貧乏枯乾。當我發現弟兄姊妹有事奉心志的時候，我亦會感到有一種衝動，鼓勵弟兄姊妹不單「件工式」參與某項服事，更不單只是在組織、事工的層面服事，更加要主動關懷其他弟兄姊妹屬靈生命的需要。

我覺得我們需要有一種心志，就是樂於看見其他弟兄姊妹的成長和成熟，甚至有更加優秀的事奉。我們愛別人，包括協助別人在屬靈生命上有更大的發展空間；我們愛別人，就要樂意在適當時候提拔一個人，亦要在心志上提醒自己服事不是要抬舉自己，或者要追求名譽、權力或地位。上帝將責任託付我們，上帝會將屬靈的權柄賜給我們，使我們的服事產生屬靈的影響力。我們提拔後進並非為了建立自己的勢力，只是為上帝的國度預備更多人才。愛是站在他者的角度出發，愛是無私，亦沒有利用的成分。愛不一定有固定的表達方式，有些人表達愛心的方法比較直接，有些人會比較含蓄，我們要懂得欣賞不同背景的人所採用的表達方式背後那一份心意。

## 以愛心關懷鼓勵

人生在不同的成長階段，都會面對危機，危機亦可以是帶來成長蛻變的轉機。當人在生活上四處亂闖，失去方向的時候，亦是心靈貧乏的時候；當社會轉型，不少人面對工作上不滿足的時候，亦是心靈貧乏的時候。我認識一些弟兄姊妹，在教育界工作，努力教導學生，拚命為學校組織活動，但最後亦要遭到政府

「殺校」的結局，內心充滿憤怒，有些自動離職。當弟兄姊妹面對工作上的壓力的時候，我們實在需要主動關懷他們，鼓勵他們再一次回歸上帝，在枯乾煩躁的心靈中釋放出來。

我相信這批尚未達到退休年齡卻退下火線的弟兄姊妹，將會有更精彩的人生下半場。不過問題是有沒有人主動關心他們，鼓勵他們將精力投資在事奉上帝方面。若果他們在這個人生危機裏面，經歷上帝的愛，他們甘心樂意事奉上帝，就會來得自然和合理。其實，在教會裏面有不少弟兄姊妹已經走過這個階段，他們有寶貴的人生經驗，可以成為後來者的幫助。求上帝感動更多弟兄姊妹，以愛心關懷鼓勵現在經歷社會轉型、在工作上拚搏的弟兄姊妹。

## 對上帝虧欠的感覺

20節安慰我們說：「我們的心若責備我們，上帝比我們的心大，一切事沒有不知道的。」很多時候，我們會有一種對上帝虧欠的感覺，覺得自己不能達到上帝的標準，亦不能達致自己對自己的要求。我們亦會責備自己，令教會失望，令弟兄姊妹失望。有時甚至覺得自己十分無能。一個誠實的人十分清楚自己並不完美，並且擔心自己不單未能完成上帝的託付，更會破壞上帝的工作。其實，我們的角色只是上帝的僕人，發施號令、主導事情的是上帝，使事工發展的亦是上帝。若果我們弄清主客關係，讓上帝作主，自己順服主帝，上帝會親自工作。當我們作清楚的自我定位，時刻仰望上帝親自工作，我們不會太快讓短暫的成敗得失來評論自己。一個事奉上帝的人，一方面要有作大丈夫、求大事的志氣，另一方面亦要有作小人物的心志，甘心樂意一生作預備的工作。因此，我們要為手所作的工感謝上帝。我們靠主恩典努力得到的成果，我們要心裏暢快，感謝上帝的祝福。不過，我們亦要為自己無法完成、無力完成的事情存感恩的心，深信上帝有自己的方法、自己的計劃。

## 愛裏沒有自責

對於事奉上帝的人來説，我們很容易為自己有意無意的過失感到內疚：為曾經傷害一個人、講了一句説話、做了一個決定，內心感到不平安。我亦會有自責的情緒，不過已經發生的事，不會變成未曾發生的。我們可以做的，是要把壞影響減到最低，並且停止它。我們容許自己自責，倒不如積極起來，做些補救工夫。

有些弟兄姊妹，早年有蒙召的感動，卻遲遲沒有行動，必然會對自己有自責的心。我亦會有此感覺，並且會在內心控訴自己。其實，上帝並非要我們將自己視為「失敗者」，上帝要我們謙卑承認自己是罪人。上帝願意赦免我們、接納我們、並且願意激勵我們前進。當我們經歷自己能力的限制，依靠自己的失敗的時候，我們會更加清楚事奉的果效不在乎自己。

## 以上帝的愛服事人

近年我發覺自己在體能上有進步，減慢身體機能的退化；同時在屬靈生命上，亦有一種重燃火熱心志的情況。我常常慨嘆自己最青春的歲月已經逝去。感謝上帝，我仍然可以在黃金歲月期間事奉上帝。縱使我無法挽回失去的青春，但是我可以善用現在的時間。弟兄姊妹們，若果你內心有自責、內疚、虧欠上帝的感覺，我鼓勵你們緊記上帝的恩典、上帝的應許、十字架的救恩，使你們不再自責，以感恩的心，善用每天的時間。弟兄姊妹們，你可以活得更精彩，你可以成為上帝的見證，在你有限的範圍，好好管理上帝交託你的任務。你有沒有愛你的家人，愛你的同事，愛你的教會，愛你的工作呢？你不要再花時間在自責上；相反要積極起來，把握機會愛週遭的人。若果你無力去愛，那麼你尚未經歷上帝的愛。事奉是發自內心，對上帝的回應帶來對人的服事。我們不單用專業知識事奉，而是用心事奉。求主幫助我們能夠活出真我，表裏一致地事奉，坦然無懼地事奉，以上帝的愛接納與自己不同的人，讓更多的人經歷上帝的愛。

### 反思問題

1. 你是否學習從心裏寬恕傷害你的人呢？

2. 你是否被上帝的愛充滿服事關懷別人呢？

3. 你的內心是否被上帝的愛充滿，深信自己的罪被赦免呢？

# 19 行事為人要對得起主

## 西一 9~11

當我思考基督徒生活原則的時候，讀到歌羅西書一章9至11節，發現保羅為歌羅西教會感恩代求，使信眾在屬靈的智慧及悟性上，領略上帝的旨意，目的使人行事為人對得起主，凡事蒙上帝喜悅。這段經文實在寶貴，因為它將基督徒的工作觀、生活觀都勾畫出來。它教導我們行事為人要對得起主的教訓，更加能夠有效地解釋基督徒如何面對上司、面對顧客。無論是上司、顧客，我們都是以愛及忠誠服事，按照上帝的標準盡力為他們服事。

## 基督徒的工作觀

作為基督徒，我們工作應有的態度是去服事人，使人得益處，使人認識上帝。甚麼叫服事呢？服事是否等於有求必應，從不拒絕呢？若果顧客的要求不合情、不合理、不合法，違反我們良知的要求，我們是否也無條件地以顧客的要求視作上帝的要求呢？當然不可以。因此，我們需要以上帝的標準判斷顧客的要求、同事的要求。我們很難用二元的思維方法將上司與顧客的要求分開，單單將基督徒的工作觀指向服事顧客。原因有兩方面：一，我們不會將任何人，無論是上司或顧客的要求等同上帝的要求；二，我們不能漠視上司的要求而單單站在顧客的角度考慮。因此，無論將上司的要求或者顧客的要求看作基督徒工作觀的全部，都犯上邏輯上的謬誤，同時亦毫無神學根據。

## 工作及生活的平衡

我認為基督徒的工作觀需要強調工作、家庭、教會三方面的平衡。原因是這種平衡反映上帝創造及救贖的秩序。

上帝所設計的創造秩序，包括安息日、安息年、禧年。同時上帝亦設立節期，例如逾越節、收割節等。上帝教導祂的子民在工作中有適當的休息，同時亦定意人建立婚姻關係，並在社會中形成婚姻制度。上帝要人好好盡上作父親、母親及兒女的責任。同樣，上帝亦建立信仰羣體，使人在宗教生活中有參與。若果上帝對人的生活定下規律，那麼人在工作、家庭與教會三方面的責任中必然有一個平衡點。上帝不會希望我們的生活混亂。

創造有兩個意思：一，從無造有，命有就有；二，由混亂進入秩序。有秩序的生活就會有平衡點。當然每個人的平衡點不同，不過這並不表示「平衡」的觀念錯誤，反而我們應該尋求上帝在我們各人身上的旨意，使我們活在上帝的計劃中。

## 思考上的平衡

當我教西方哲學及基督教倫理學的時候，必定會提及目的論及義務論。目的論是指一個行為，若果能夠達致良善的目的，不必計較行為本身是否合乎道德，也可視為良善。義務論的重點是一個行為本身是應該的，不必考慮後果是否吃虧，都應該盡力去行，那就合乎道德要求。

其實在教會生活中，我們經常會遇見不同信徒引用目的論或義務論的思考方式事奉。例如，有一間教會，人數只有五十人，各部門都十分幼嫩，人力資源不足，內部的需要也未能滿足。不過其中有一位弟兄對佈道工作十分有負擔，他努力提醒弟兄姊妹傳福音的使命。他熱心地設計教會籌辦佈道會的計劃書，提議執事會舉辦佈道會。在會議中，有其他執事提出問題：現在教會人數不多，內部事工也應付不來，若果急於向外佈道，萬一有人信主，教會未必有資源作栽培。而那位熱心佈道的弟兄卻認為不管有幾少人信主，不管日後的栽培事工如何，佈道是大使命，我們就要不怕困難前進。上述兩種意見，背後有不同的思考方法。行事審慎的那位執事考慮目的，熱心佈道的弟兄著重義務。究竟誰的觀點正確呢？我們可以說兩者都有理，不過互相排斥，肯定找不到真理。至於雙方如何達致共識是另一個問題，我要提出的是我們不能單單著重目的，而否定義務的價值；同樣我們亦不能否定目的，單單偏重義務。我們需要兩種思考方法互相印證，尋求一種客觀中肯的平衡判斷。

## 歸納法與演繹法的平衡

除了目的論與義務論的平衡外，我們亦要注意歸納法（deduction）與演繹法（induction）的平衡。歸納法是從一些現象歸納出一些共同的元素，而演繹法是從一些基本原理邏輯地推論出另一個現象。我們在思考方法上亦不會偏重其中一種，而是兩者兼備。總括兩種思考方法上平衡的觀點，我們可以得出一個同一原理的推論。我們不能將行為的價值局限於過程或者結果上。我們斷不能不顧後果而單單享受過程的樂趣，同樣，我們亦不能不考慮過程而只重結果。兩者都是極端簡化的思考推論。這種推論方式在近年教會圈子亦相當流行，例如有人提出教會不應以事工為中心（task-oriented）而應該以人為中心（person-oriented）。表面上，以人為中心的教會牧養觀十分有理，正如耶穌說：「安息日是為人設立的，人不是為安息日設立的。」我們不要隨從社會的工具化文化，同時要重視人的人格（personhood）。不過我們亦不能夠毫無計劃、毫無步驟地從事對人的服事。我們對人的服事一方面是位格性的相遇（personal encounter），另一方面亦是一種事工上的服事。

## 和而不流的服事

作為一個現代人，我們要學習從不同角度分析思考，要有對話整合的能力，才能在一個多元化的社會中與不同的人合作相處。作為基督徒，我們必須有自己的信仰立場，我們絕對不能盲目，我們必須有自己的認信及委身。我們在有個人立場之餘，同時要尊重別人的觀點。我們要學習分辨我的立場與其他人的立場有何異同，究竟是原則不同，前設不同，思考方法不同，還是在其他方面不同。在信仰上，實踐的方法很難說對與錯。我們不必執著一些枝節問題大造文章，我們要努力尋求弟兄姊妹間的合一。我們要尊重其他弟兄姊妹的領受，不必要求別人要與我的觀點一樣。

作為神學工作者，我的責任是幫助弟兄姊妹學習如何去思考信仰的課題，同時指出信仰問題的合理看法。我向來鼓勵弟兄姊妹要培養獨立思考、有批判思維、有屬靈的辨別能力，不要被潮流牽著鼻子走。我們的信仰不是建立在別人的身上，而是建立在你與上帝之間的經歷之上。

## 相輔相承地榮耀上帝

我們要明辨主的心意，在一切的善事上結果子，要多知道上帝，照著上帝榮耀的權能，在各樣事情上力上加力，凡事歡歡喜喜地忍耐寬容，歌羅西書一章11節教訓我們要弄清楚甚麼是上帝的心意，甚麼是人的領會。我們尊重聖經的權威，上帝的話，上帝的命令是不容妥協的。不過在很多課題上，我們會有不同的推理方法、不同的著重。我們需要首先承認自己所知有限，就以探討基督徒工作觀為例，我們都是在起步當中，我們不要抹煞新思維，不過亦要大膽假設，小心求證，不斷透過交流、討論，修正我們的見解，使我們的觀點更加全面，更具説服力。

## 反思問題

1. 你是否達致工作、家庭、教會三方面的平衡呢？
2. 你是否只重工作卻忽略人際關係呢？
3. 你能否容納與你不同意見的人，與他們相輔相承地合作事奉上帝呢？

# 20 上帝的差遣

## 太二十八 18~20

近年，香港的信徒常常提出信仰與現實生活脫節的問題，我覺得導致信仰與現實生活脫節的主要原因有三方面：一，社會變遷急速；二，信徒對信仰的解釋未能針對時弊，回應時代的需要；三，信徒本身不願意付出代價實踐信仰的要求。

### 社會變遷急速

社會變遷主要是指社會在經濟、政治、教育水平、生活素質、人的心態等改變的情況。香港在一九四九年以後成為大批中國難民居留的地方。七十年代末期，香港的經濟開始起飛，輕工業的蓬勃為香港人帶來不少就業機會，一般市民的生活素質開始改善了，同時年輕的一代可以享有更多的教育機會。而我們的父母普遍有種難民心態，希望在艱苦的歲月中改善家庭的環境，給予子女教育的機會，將來打破貧窮的局面。在這種難民心態與及建立個人經濟基礎的心態薰陶底下，年輕一代的香港人培養了勤奮、克苦耐勞、努力提高自己的專業水平的心態。由於香港人這份積極工作的態度、高效率的服務精神、精益求精的勇氣，吸引了不少外商在香港投資。當香港在通訊、運輸、勞動力、低稅率等等有利投資的因素配合起來的時候，香港人就享受著經濟豐裕的成果。但是值得我們反省的是在這種強調個人成功、傑出成就的風氣底下，我們有沒有注意到很多人仍然過著低素質的生活呢？

我覺得香港人這種注重個人成就，與及以建立個人經濟基礎的心態，正正與信仰的要求對立。基督教信仰要求我們有分享的精神，有維護社會公平正義的責任。但是我們那種以個人利益為前題的心態完全阻礙我們去關心社會的問題、國家的問題。而這種自我中心的心態在根本上就與基督教信仰的要求對立。

## 信仰的解釋未能針對時弊

現在讓我們分析信徒對信仰的解釋如何未能針對時弊。我自己經過多年的神學反省及生活體驗，得出一個結論，就是很多基督徒將福音解釋為個人的得救，個人與上帝的關係重新恢復，而忽略了福音亦要求社會關係的更新與及全人類的更新。其實耶穌基督所傳的是上帝國的福音，究竟上帝國或者在馬太福音所稱的天國是指甚麼呢？根據經文的原意，上帝國是指上帝的掌權，而不是指在地理上的位置。在路加福音十章11至12節提到上帝國的時候，就把它與審判的日子並列。在路加福音十一章20節記載：「我若靠著上帝的能力趕鬼，這就是上帝的國臨到你們了。」在這節經文中，耶穌基督將上帝國與上帝的能力聯結在一起。所以耶穌基督的福音就是上帝國的福音，意思是上帝掌權的福音。上帝掌權的福音不單只是一些抽象的概念，而是在耶穌基督身處的政治、社會混亂狀況中的一種認信。耶穌基督向人傳上帝國的福音，目的是要重新肯定上帝乃是歷史的主，是審判的主，同時上帝的權能很快要彰顯於人世間。

當我們分析馬太福音二十八章18至20節一段關於大使命的經文的時候，我們首先要注意耶穌「天上地下所有的權柄都賜給我了」這一句話，耶穌基督差遣門徒向世人傳福音的時候，首先肯定了上帝乃宇宙的主、人類歷史的主。而上帝國的福音是上帝能力的彰顯，正如保羅在羅馬書一章16節的話：「我不以福音為恥；這福音本是上帝的大能，要救一切相信的，先是猶太人，後是希臘人。」當耶穌基督差遣門徒向世人傳福音的時候，祂表示上帝已經將審判世人的權力交給祂。因此我們基督徒在領受耶穌基督的差遣的時候，我們必須緊記上帝是宇宙的王、人類歷史的主，上帝已經將審判世人的權柄交給耶穌。

## 回應時代的需要

很多信徒都沒有正視上帝乃是宇宙的主、人類歷史的主、審判世人的主的事實，往往將上帝描繪為我們心靈空虛寂寞時的安慰者而已。我要澄清，我們個人與上帝的關係雖是十分重要，但是我們的上帝不單是我們個人的主，還是人類歷史的主、宇宙的主。而且這種單單強調個人與上帝關係的信仰解釋沒有兼顧信徒在社會中的責任，以致我們常常以一種單單滿足個人要求的心態去了解基督教信仰。所以，我們原本那種自私、單以個人利益大前題的心態在這種單單注重個人與上帝關係的信仰了解的影響下，不單沒有受到挑戰，反而得到了支持。我認為香港的信徒實在需要反省究竟我們有沒有將上帝局限在與我們個人的關係之中，以致忽視上帝是人類歷史的主、審判的主與及宇宙的主呢？

## 不願意付出代價實踐信仰

現在讓我們分析信徒本身不願意付出代價實踐信仰的要求。耶穌基督差遣我們要去使萬民作祂的門徒，究竟門徒的條件是怎樣呢？耶穌基督在呼召人作門徒的時候，指出門徒要付出代價，在路加福音十四章27節記載：「凡不背著自己十字架跟從我的，也不能作我的門徒。」原來作耶穌的門徒要付出極大的代價，不是接受洗禮以後，單單出席主日崇拜而已。原來作門徒要在生活上改變過去的壞習慣，建立正確的人生觀。這樣的要求比每主日出席崇拜更高，所以我們不要以為接受洗禮後就等於在信仰方面告一段落；相反，這正是我們新生命的開始。

保羅在新約聖經常常指出重生的真理，提醒我們要在生命方向上作抉擇，在生活方式上學習基督。可惜很多時候，我們自誇自己已加入教會多少年，自誇自己對主日崇拜的程序瞭如指掌，自誇自己清楚教會的節期，與及教堂事工的例行運作等。但是我們往往忽略了一點，就是我們對這些東西的認識，對這些活動的參與絕不能代替我們在生命上對耶穌基督的回應。若果我們在生命上沒有嚴肅地抉擇是否根據耶穌基督的要求生活，那樣，我們對聖經的認識，只不過是一些頭腦的概念、屬靈的術語而已。而我們對主日崇拜程序的熟悉亦只不過是一些形式上、程序上的參與，而不能夠進到在心靈上崇拜上帝，尊崇上帝為我們人生的主。希望大家多一些彼此互勉，讓我們在教堂裏多分享信仰的掙扎及體會，互相代禱，使我們有勇氣面對現實生活的挑戰。讓我們一起努力打破那種冷漠、散漫的氣氛，從我們身上表現出基督徒的新生命，燃點起火種，感染更多信徒立志成為一個堅強的基督徒。

## 反思問題

1. 你是否樂於與人分享呢？你是否堅持維護正義，以大眾利益為先呢？

2. 你是否深信上帝是人類歷史的主，掌握權力呢？

3. 你是否願意實踐信仰，付上代價呢？

# 21 信徒與門徒

## 路十八 35~43

路加福音十八章35至43節記載一個瞎子在耶利哥行乞，當他知道耶穌路過的時候，就要求主耶穌醫治他。他對主耶穌有絕對的信心，深信主耶穌可以醫治他的眼疾。主耶穌欣賞他的信心，並說：「你可以看見！你的信救了你了。」一個信主的人，必須對主有信心。我們不單接受世界有上帝存在的觀點，因為信仰並非純粹一個哲學上的課題，讓人進行思辯，彷彿上帝是否存在亦無關痛癢。可惜，有些所謂「信主」的人，只不過在頭腦上接納世上有上帝的觀點，沒有考慮若果上帝真實存在，對我日常生活甚至整個人生方向有甚麼影響。

## 頭腦上同意與虔誠的信奉

在八十年代信主的年青人，大部分都在理性與信心的問題上遇到掙扎，在科學與信仰之間徘徊，有些人甚至參加團契及查經班多年仍未有勇氣決志信主。不過，信主艱難，放棄信仰亦變得艱難。雖然每一個年代總會有人半途放棄信仰，不過今日在教會承擔重任的兄姊，大部分是二十多年前信主的年青人，他們經過二十多年的磨練，成為今日的領袖。據我的觀察，這批弟兄姊妹，大部分經歷熱心查經、積極投入教會事奉的操練，並且在真理造就方面紮穩基本功夫。當年教會未必可以提供較為深入的訓練，不少兄姊都主動追求屬靈知識，包括閱讀屬靈書籍以及參加神學院晚間的延伸課程。大家都不甘於做一個庸庸碌碌的基督徒，亦不願意得過且過，大家都希望自己並非一個「掛名的基督徒」。

## 減少的信仰掙扎

反觀近年信主的基督徒，他們在一個宗教寬容的環境成長，社會文化不會刻意取笑或者排斥基督徒。換句話說，任何一種宗教信仰都是私人的事，或者稱為私人喜好。沒有外在的挑戰，信徒信主的決定，主要考慮內部的問題：例如我是否願意加入這個教會，或者我是否喜歡這個教會的模式。近年佈道會中對「決志」的定義亦變得十分有彈性，有些人屬於再次決志，亦有些人屬於決志接受上帝的祝福。所以，在佈道會中舉手然後步上聖壇前，接受祝福的人裏，實在難以分辨誰是決志者。更值得關注的事情，就是在佈道會的講道中，講者是否完整而清楚地將福音表達出來，還是著重某一個重點，亦是一個重要問題。有些佈道會避重就輕地演繹福音，決志信主的人會減少某些掙扎，甚至會感到舒服一點。不過，我們是否同時削弱福音的影響力及震撼力呢？當我們看見有些教會，善用羣眾心理、市場導向的方法，吸引尋道者，令人數增加；我們有沒有想到這些人，其中有大批是教會的過客，是信仰的邊緣人，是一批持觀望態度的宗教消費者呢？

## 不清楚信仰的代價

當我們前瞻十年後香港教會的情況的時候，我們能否對這羣尋道者寄予厚望呢？近年我在協助教會牧養的事奉中，發現大家都留心教會增長模式及策略，亦推出「一條龍」服務，使弟兄姊妹一次過出席崇拜、團契，加上教導，並且為家庭提供托兒服務，使父母可以享受主日崇拜。除了「一條龍」服務外，亦有「按齡牧養」模式、「小組化」模式，亦有開設具備特色的崇拜時段，例如專為尋道者而設的時段。

基本上，一切順應時代趨勢的模式，必定會帶來果效。不過，關鍵的問題是量與質的關係。若果我們將信仰變得「用家方便」，自然會令更多人接受，不過，困難的地方就是我們要這羣本著自我中心、消費主義而加入教會的人再踏前一步，在屬靈生命上進深，就非常困難。有些教會會以康體活動、明星講員，甚至超級專題講座吸引弟兄姊妹，使大家覺得花兩小時聽一位學者精解某卷書、某個專題是「超值」的活動。歸根究柢，今日教會面對的問題，就是決志信主的人沒有考慮清楚要付上代價，追求屬靈生命的成長，自己要下功夫操練、祈禱及讀經，並且積極投入教會事奉。

為甚麼今日的信徒變得被動呢？原因就是我們只要求人承認世上有上帝，卻沒有清楚説明接受主耶穌基督為救主，就是要成為祂的門徒。成為主耶穌的門徒，要以虔誠的態度信奉基督，不是自我中心，而是以主為生命的元首。當我們承認宇宙間有上帝的時候，就是承認祂是主人，我是祂所創造的。祂是上帝，我只是一個普通人，當上帝拯救我的時候，我必須以感恩的心，將榮耀歸給他，將敬拜與真理學習放在生活的首位，以誠敬的心面對每天的生活。弟兄姊妹，無論你是一位初信者，或者是信主二十多年的資深基督徒，我們必須謙卑在上帝面前反省自己是否專心跟隨耶穌。

## 全然的相信

路加福音十八章38節記載在耶利哥討飯的瞎子，向主呼求説：「大衛的子孫，可憐我吧！」這個瞎子深深體會他無法依靠自己解決問題，他只有向主呼求。他向耶穌苦苦哀求，主耶穌問他可以為他作甚麼,他說要看見。這個瞎子對主耶穌充滿信心,耶穌回答說:「你可以看見!你的信救了你了。」瞎子立刻可以看見,就跟隨耶穌,一路歸榮耀與上帝,眾人也歸榮耀與上帝。這個瞎子對主耶穌有完全的信心,相信主耶穌的能力,他並非保持距離地相信,而是全然的相信,完全信任主耶穌的能力。究竟我們的信仰,只是同意宇宙間有上帝,還是以信心承認上帝的全能呢?若果我們捨本逐末,以多姿多采的活動吸引尋道者,卻忽略挑戰他們以更大的信心信靠上帝,我們只會令自己跌進無法自拔的陷阱,永無止境地提供屬靈娛樂,來迎合那種屬靈消費主義。

## 信徒沒有開放自己

近年有些同道批評教會只歌頌成功得勝的見證,卻不容許人以軟弱的真面目面對弟兄姊妹。表面上這種批評很有道理,若果信徒假裝屬靈,滿口屬靈術語,內心卻靈命枯乾,只是自欺欺人。不過,教會豈不是有團契、代禱小組,鼓勵弟兄姊妹將自己的需要分享,讓其他肢體分擔嗎?所以,問題並非教會不容許人分享掙扎,而是信徒個人的態度問題,沒有開放自己,讓別人關心及指導。試想一想若果你只是慣性地出席主日崇拜,獨個兒享受安靜敬拜的時刻,與其他參加者平淡地打招呼,從來沒有進一步建立弟兄姊妹的關係。當你有難處,亦不知可以找誰分享。所以,問題不一定是教會不容許人分享失敗的經歷,或者是不接納別人流淚，只是我們自己在疏離的教會生活中，無法找到屬靈上的同伴。

今日香港的教會普通有完善的規模，初信者往往覺得自己經驗有限，對教會沒有甚麼貢獻。其實，這是雞與蛋的先後問題，若果我們不主動投入教會亦不會發現教會的需要。若果我們等待教會提出需要，到時候，我們反而找不到幫忙的地方。例如教會需要人搭建聖誕慶祝會舞台，而我的擅長卻是其他方面，那麼就只會讓主動的人繼續忙過不停，被動的人就繼續被動。在耶利哥討飯的瞎子，經歷主耶穌的醫治後，不是問准耶穌是否容許他跟隨著，亦不是首要徵詢耶穌的同意，才歸榮耀與上帝，他就是發自內心將最好的奉獻與上帝。他自然流露出對信仰全情投入的熱誠。所以，我們亦應該在信仰的事情上更加主動積極，將教會的事記在心裏面，為教會的牧者、信徒領袖禱告。

## 彼此主動付出

世人的習慣是別人做事，不要過問太多，不要作無謂干預，免致做事的人感到受阻礙。我們要容讓身在其位的弟兄姊妹有更大的空間實現上帝所託付的使命，有更多的機會推動心中的計劃。不過，不作無謂干預並非不聞不問，坐視不理。有些時候，當事情出現問題，我們才來一個「馬後炮」，高談闊論自已早有遠見，知道問題存在，不過沒有提出來讓大家注意。其實這個時候作如此的評論無補於事；若果有遠見的人，早一點分享自己的顧慮，或者可以避免一些不必要的錯誤。

我明白在教會中與弟兄姊妹合作，需要智慧與愛心，同樣教牧同工之間的合作亦需要同心及彼此接納。近年有些弟兄姊妹經歷投入教會事奉後，遇到人際衝突，心靈受創傷，在無可奈何底下孤獨地溜往大教會，獨自坐在教堂的一角，靜心敬拜。面對這些「養傷」的弟兄姊妹，我們需要安慰鼓勵他們，讓他們獲得一個令他感到安全的環境療傷。我們不必完全認同當事人一面之辭；不過卻應該鼓勵他認真面對自己，藉此重新整理屬靈生命。在「療傷」的過程中，我們亦要鼓勵當事人重投福音的戰場。一個曾經遇上「心靈創傷」的人，對陌生人會有很大戒心，亦缺乏心力與人建立人際關係，有時更會有情感依附的特徵。不過，我們深信上帝使用我們扶人一把，給人一杯涼水，然後鼓勵他開放自己，投入教會生活。若果我們希望教會生活充滿溫情，我們不要等待別人首先付出；相反要彼此都主動，真誠地全情投入，我們才會在教會羣體中找到真正的自己。

## 勉強達標

八章43節記載：「瞎子立刻看見了，就跟隨耶穌，一路歸榮耀與上帝，眾人看見這事，也讚美上帝。」這位在耶利哥討飯的瞎子重見光明，就歡喜快樂地跟隨耶穌，將榮耀歸與上帝。對這位瞎子來說，他本來是討飯的，所以不必計較在甚麼地方討飯，加上現在可以看見，當然可以跟隨耶穌四處流浪。對於我們來說，跟隨耶穌是不容易的，是要付上代價的。例如基督徒在尋找工作的時候，有些工作是不會考慮的，如涉及犯罪成分的工作；有些工作涉及價值取向的事情，例如賭博事業機構，我們要細心思量，是否沒有其他更好的選擇。

除了選擇職業外，我們亦要在工作上持守基督徒的價值。工作的目的並非單單為了獲得金錢的回報，誠然，現實上金錢是十分有用的。但是一個徹底跟隨基督的人，會如何理財呢？究竟我是否運用正當途徑賺錢，還是不擇手段獲得金錢呢？當我們踏入社會工作時間愈長，會發現人心比萬物都詭詐的真實；我們開始發現在俗世社會生存，是有一套遊戲規則的。若果我要成功，就要比其他人更高明地參與這場世俗的遊戲。在世俗社會，討好上司、投其所好、切法打擊對手、建立自己的山頭等，都是十分平常普遍的。不過，一個徹底跟隨耶穌的基督徒，是否與世人一樣沉醉在權力、名譽、地位、成就方面呢？

## 徹底跟隨

一個徹底跟隨耶穌的人，是時刻以永恆生命的福樂來衡量世間的生活的；一個徹底跟隨耶穌的人，不會按世人的價值標準看自己。無論我住在名貴的高檔豪宅，還是公共屋邨，我都為生命而感恩；無論我出入有名牌汽車代步，還是用公共交通工具，我都為生命氣息感恩。一個徹底跟隨耶穌的人，不會凡事斤斤計較，或者埋怨上帝；相反是為上帝賜的每一個機遇而感恩。

很多人為了改善生活營營役役，終日擔心入不敷支；其實我們把一些非必要的東西視為必要，以致我們覺得自己需要龐大的收入應付開支。當我們的心被金錢、工作及其他事情佔據的時候，就會將與上帝親近的事放在最後。很多時候，我們將現世物質追尋放在人生第一位，然後將剩餘僅有的時間分一點點給上帝。既然留給上帝的時間只有短短的片刻，自然沒有每天祈禱靈修，甚至每次回教會的時候都是趕急前來，匆匆忙忙離開；其實聚會時心不在焉，散會後亦不會主動與人溝通，這樣的基督徒生活只是完成例行公事，沒有用心去敬拜和學習。

## 在屬靈上自滿

近年香港各界強調資源增值，所以工作壓力頗大，工作時間延長。以前三個人做的工夫，現在由兩個人來承擔，若果其中一個請病假，結果就是一個人獨力面對。有些基督徒在這種情況底下，就縮減屬於上帝的時間，心裏面覺得上帝管不了我的困難，又或者安慰自己說，既然上帝充滿憐憫，祂必定不會介意我是否出席主日崇拜。結果，有些基督徒只會朝著達到最低要求就滿足，並且理直氣壯地覺得不祈禱、不靈修、推卻教會事奉，是合理的做法。我們應該體諒弟兄姊妹的難處，若果要出席所有教會活動，例如主日崇拜、主日學、詩班、團契、祈禱會，恐怕每星期沒有私人時間。不過，我們亦不能因為生活繁忙而疏懶；若果我們習慣散漫的靈修生活，我們的屬靈生命就會停滯不前。今日不少基督徒是依靠以往的「屬靈老本」而活在當下的。很多基督徒已經長期沒有參加主日學，因為他們覺得以前也學過，現在沒有特別需要深入明白聖經真理。不過，我們很容易忘記，以前學過並不表示融會貫通，亦未必表示現在再學就沒有新發現。總而言之，我們就是在屬靈的事情上十分容易滿足。

## 進取的心志

一個人知足是好的，不過在屬靈的追求上太容易滿足，就會變得不思進取。有些時候，我們會為自己開脱，認為那些預備奉獻作傳道的弟兄姊妹，才需要深入明白聖經真理，我們作一般信徒的，就不用要求太高。其實，上帝對每個信徒都有很高的要求，我們不能以雙重標準作基督徒。若果只有那些準傳道才要勤讀聖經，那麼帶領教會的信徒領袖是否同樣需要勤讀聖經呢？若果他們也需要勤讀聖經，那些中層領袖是否需要勤讀聖經呢？一個徹底跟隨耶穌的基督徒，必然珍惜一起學習聖經的機會。我亦明白連續出席一季的主日學並不容易，有時工作上的需要是難以避免的，不過我們有沒有爭取出席主日學的心志呢？

我個人十分重視教導工作，並且深信弟兄姊妹經過紮實的主日學訓練，假以時日可以成為教會的事奉人員，承擔兒童、少年、青年、成年，甚至長者的服事工作。有些弟兄姊妹對教會事奉的理解，就是按編排擔任崇拜主席，擔任司事，少數人會有擔任各部門領導的心志，更少數人會有擔任推動全教會事工的執事值理的心志。很多弟兄姊妹願意承擔「件頭式」的事奉、事務性的事奉，因為這些事奉不一定需要紮實的聖經基礎。不過，教會亦需要人手承擔人的工作，例如關心探訪、擔任各年齡的團契導師、主日學導師等。若果我們沒有良好的聖經基礎，恐怕我們在整體教導方面，未必可以將聖經真理傳遞給別人。由於少數弟兄姊妹願意在聖經方面下工夫，所以一般教會都缺乏通曉聖經的弟兄姊妹擔任主日學導師。這種現象正好反映教會在教導方面仍然有相當大改善的空間。歸根究柢，我們要提醒弟兄姊妹，要徹底跟隨耶穌，要有渴慕聖經真理的心，要積極參與主日學，並且樂意做人的工作，關心別人，栽培別人屬靈生命成長。

## 反思問題

1. 你是否以消費者的心態對待信仰呢？
2. 跟隨耶穌需要付出和投入，你是否以抽離的態度作基督徒呢？
3. 我們容易在屬靈上自滿，缺乏進取心，你是否以勉強達標的態度實踐信仰呢？

# 22 善惡二律之爭

## 羅七 18~25；出三十二 1~14

保羅在羅馬書七章18至25節一段經文中，從三方面描述人內心經歷善惡的鬥爭。一，肉體的惡與意志的善相爭。18節說：「我也知道在我裏頭，就是我肉體之中，沒有良善。因為，立志為善由得我，只是行出來由不得我。」保羅經常用*soma*解作身體，而*sarx*解作肉體。身體是中性的，是上帝的創作，是聖靈的殿（林前六 19）。至於肉體是指情慾。情慾基本上由心發出，不過卻間接由於身體感官的快感而產生各種的慾望，例如性慾、權力慾、佔有慾等。肉體的慾望與放縱情感有關，例如當人沉迷煙花之地，便會容易染上醉酒、賭博、性濫交等壞習慣。當然人有理智，懂得分析事情的利害關係，亦有從意志而來的善念提醒，可惜，人的傾向是意志薄弱，情不自禁。結果做出自己覺得錯誤的事。保羅在18節上明確指出：「我也知道在我裏頭，就是在我肉體之中，沒有良善。」這句話的意思十分清楚，在肉體的慾望中肯定沒有良善，不過在他的意志中卻願意行善。然而，他告訴我們雖然他立志行善，但卻無力實行。保羅將肉體的慾望稱為罪，在他裏面的罪與他的心思鬥爭，兩者好像兩個律一樣，當他願意行善的時候就有惡的出現。

## 被罪的律克勝

其實甚麼是善，甚麼是惡呢？究竟世上有沒有一個客觀的標準呢？香港家庭悲劇的數目十分多，有些由於婚姻關係破裂，導致家庭暴力，傷及兒女；有些無力償還債務；有些無法抵受失業帶來的自尊受損，結果結束生命，甚至結束別人的生命。對於當事人來說，死是一條出路。我猜測甚少人會覺得死是一個善的選擇，大部分人都知道死是一個惡的選擇，不過他們認為別無他法。究竟這些尋死的人有沒有經歷內心的掙扎呢？我猜測會有，不過最後卻被罪的律所克勝。

社會上很多沒有宗教信仰的人，都對人性十分樂觀，以為可以透過教育、社會福利、政治改革使人的良善發揮，建立充滿良善的社會。不過當人的經歷增多以後，會發現教育不能改變社會的風氣。當我讀羅馬書七章18至25節這段經文的時候，我更加發覺保羅的描述十分真實。有些同道會問，究竟保羅是描述信主前還是信主後的經歷呢？我想我們不能用一種簡化的眼光處理這問題。保羅在25節說：「感謝上帝，靠著我們的主耶穌基就能脫離了。這樣看來，我以內心順服上帝的律，我肉體卻順服罪的律了。」藉此形容人裏面上帝的律與罪的律的相爭，一個認識上帝的律的人，應該是一個基督徒，他在世上生活，根本無法避免罪的誘惑。因此，基督徒亦會有失敗跌倒的可能。

## 罪的律與心思的律相爭

第二方面是罪的律與心思的律相爭。保羅進一步將個別的惡念與惡行連在一起，並將其人格化為一種與善對立的力量。保羅形容行惡的並非是真正的他，而是住在他裏頭的罪所作的（17、20節）。這種罪的力量由個人的層面引伸到家庭、家族、社會、國家、甚至國際的層面。結果，罪的勢力不斷擴張，成為現實世界一部分。

近年香港經濟轉型，不少企業北上發展，因此有不少人需要經常北上工作，其中不少是基督徒。在一個競爭激烈的商業社會，加上香港近年經濟衰退，再者美國九一一事件後，美國經濟不振，令不少香港廠家損失訂單。在這種外圍壓力底下，業績成為一項重要指標。當我們要爭奪訂單的時候，究竟應否參與賄賂行為呢？有些時候，在國內申請批核，手續繁複，不同部門重重複複文件往來，費時失事，究竟我們應否在所謂「斟茶灌水」的飯局以外，以賄賂的方法加快文件批核速度呢？若果你的上司要求你做這些事，你如何反應呢？在商業社會裏面，基督徒面對各色各樣的掙扎，正好像保羅所描述，我以內心順服上帝的律，我肉體卻順服罪的律了。這節經文的「內心」對應23節所講的「心中的律」。保羅的意思可以是心思的律順服上帝的律與罪的律相爭，亦可以指心思的律等同上帝的律，意思是上帝的律與罪的律在他裏面相爭。保羅以上對人內心的矛盾與掙扎的描述，可以指未信主前的景況，亦可以指信主後的遭遇。不過有一點我們可以肯定的，就是人不能依靠意志的良善克服肉體的惡念，更難以與集體的罪惡對抗。可能你會覺得十分悲觀與無奈，不過保羅並非傳遞一種無可奈何的信仰態度。當然基督徒看透人的限制，但是對上帝的力量卻沒有失望。

## 罪的律與聖靈的律相爭

究竟保羅如何克服內心的矛盾掙扎呢？他説靠著我們的主耶穌基督就能脱離了。究竟這是甚麼意思呢？羅馬書八章1至2節記載：「如今，那些在基督耶穌裏的就不定罪了。因為賜生命聖靈的律，在基督耶穌裏釋放了我，使我脱離罪和死的律了。」保羅清楚指出十字架救恩使我們不再被定罪，上帝樂意赦免我們的罪與過犯，並且賜我們生命聖靈的律，使我們體貼聖靈的事。這是第三方面的相爭，即是罪的律與聖靈的律相爭。

保羅勉勵我們不必順著肉體的情慾去生活，而是順服聖靈的律去生活。一個不再被定罪的人就是生命得釋放的人。我們不再是奴僕，仍然害怕上帝的責備，現在我們信主的人是上帝的兒子，有稱呼上帝為天父的權利（羅八 15）。這就是耶穌基督福音的核心，我們信主的人，不再被定罪，因為主耶穌已經為我們承擔罪孽，祂的死使我們與上帝恢復關係；以前我們是迷失的羊，現在是上帝的子民。既然我們有如此尊貴的身分，我們理應看輕肉體的慾望，專心仰望屬靈的事，憑信心克服罪的試探和誘惑。

## 只有依靠基督得救

作為基督徒，我們清早醒來，可能還想起昨天與人爭執的事，或者尚未完成的任務等。因此我們未必以喜樂來開始一天的工作。結果我們就繼續在內心的矛盾與掙扎中渡日。或者我們設法努力做到最好，不過心裏無法獲得平安。很多基督徒都是依靠自己的力量克勝惡念，可惜卻忽略順服聖靈的規律。若果我們順從聖靈的規律，我們清早起來應該立即想起自已是一個蒙恩的人，罪得赦免。若果我們仍然承擔著罪的擔子，我們便低估了十字架救恩的力量。保羅經歷內心的掙扎，最後發現靠著耶穌基督的救恩，他可以得勝。同樣我們也可以學習保羅克服內心矛盾掙扎的方法，就是認定十字架的救恩使我們罪得赦免，生命得釋放。

很多時候，我們在經歷失敗以後，會更加知道自己的不配，更加懂得歸向上帝。或許大家在經歷內心善惡二律相爭後，更加深信聖經的說話，更加確定人只有依靠基督得救，更加珍惜祈禱讀經，更加看重教會的崇拜與事奉。這一切都是上帝在我們現實生活的矛盾與掙扎中施行拯救的工作，讓我們在面對試探的時候能夠找到一條出路。

## 屬靈敗壞的以色列

出埃及記三十二章1至14節記載，當摩西上了山，遲遲未歸的時候，以色列人開始出現各色各樣的建議，作為整個出埃及的以色列羣體的前進方向。他們各抒己見，可說是對羣體有歸屬感的表現，值得欣賞。可惜他們的思想方向、價值取向都未能被十誡的精神所改變。出埃及記二十章23節記載，上帝吩咐摩西向以色列人教導說：「不可做甚麼神像與我相配，不可為自己做金銀的神像。」理論上，摩西已經將十誡及其他有關律例典章指教以色列人。二十四章記載摩西再次登山，領受造約櫃、燈臺、會幕、祭壇、祭司聖衣、胸牌等規則，並守安息日及兩塊法版（二十四 24~31）。或許摩西領受這些指示，需要一段頗長的時間。三十二章記載以色列人向亞倫提出造神像的意見，作為對整個羣體的方向指引。三十二章1節記載造神像的原因：「因為領我們出埃及地的那個摩西，我們不知道他遭了甚麼事。」經文簡單記載以色列人提出造神像的理由，是摩西不知所蹤。可是二十四章記載摩西再次登山前，以色列人按十二支派一同向上帝獻祭立約，遵行上帝的命令。理論上，以色列人應該明白他們的上帝絕不容許他們造神像，不管是摩西作領袖，還是其他人作領袖，都不可改變這規則。但是從以色列人的論據中，我們會發現他們認為摩西不知所蹤，那麼他所傳遞關於上帝的吩咐亦失效，這種心態好像中國人所謂「一朝天子一朝臣」的觀念。既然摩西失蹤，我們需要新的領袖，而新的領袖就要有新的政策。以色列人向亞倫提出造像，亞倫亦應該知道摩西的立場必然反對，亞倫理應提出反對，可惜亞倫並沒有這樣做。

## 屬靈的外衣，金牛的精神

現在，亞倫好像是個真正的領袖，不過事實上他只是羣眾的傀儡。雖然經文沒有詳細交代亞倫的反應，不過當上帝差遣摩西的時候，摩西自稱拙口笨舌，難當帶領以色列人的重任。上帝說你哥哥亞倫口才好，你只要將當說的話傳給他，他就可以替你向百姓說話（四 10~16）。若果你是亞倫，你會覺得舒服嗎？你要成為一個不擅辭令的領袖的傳聲筒。亞倫、摩西與以色列人都是信仰上帝的人，理論上他們組合在一起，必然因共同的信仰而和諧一致。不過實際上，以色列人對上帝的心十分薄弱，沒有緊記上帝的誡命；亞倫雖是領袖之一，亦沒有緊守上帝的命令，反而隨從以色列人的錯誤要求。更加可悲的是，亞倫發出指示，將以色列人妻兒子女耳上的金環拿來鑄金牛。金牛本來是代表巴力，一位掌管生殖及五穀豐收的迦南地的上帝。以色列人的心已經變質，離開上帝的命令，亞倫亦知道這是錯誤，以色列人卻想出一個折衷方法，將金牛解作引領以色列人出埃及的上帝，而亞倫亦默認這個觀點（三十二 4）。

亞倫可說相當聰明，為這種上帝禁止的行為披上一件屬靈的外衣。表面上，以色列人以上帝作首領，可是上帝的帶領是名義上的，骨子裏是以金牛的精神及內涵運作。亞倫為牛犢築壇，並宣告要向耶和華守節，百姓亦參與獻祭（三十二 5~6）。表面上，以色列人仍然保持屬靈的活動，繼續尊耶和華為上帝。不過，經文記載：「百姓坐下吃喝，起來玩耍。」他們的心已經敗壞，將獻祭的原意扭曲。原來對耶和華敬畏的心已經淡化，變為一種吃喝玩樂的活動。

## 事奉裏的掙扎

若果我們反省今日在信仰與實踐之間的掙扎和矛盾的時候，我們不能不正視屬靈領袖在教導上是否緊緊地跟從上帝的吩咐，還是順應民情，將上帝所禁止的事，披上屬靈的外衣，公開推動，以致上帝的兒女失去對上帝的敬畏的心。以色列人造金牛，並非主要由於外在的壓力而產生這意念，反而是由內部形成這要求。當然外邦宗教文化對以色列人產生影響是一種事實，但是經文沒有記載他們被外邦人強逼去造金牛。造金牛的想法完全是由以色列民族內部所產生的訴求。一個信仰羣體在實踐信仰方面都面對如此大的困難，何況當基督徒活在現實的世俗呢？一個事奉上帝的人，亦可能像亞倫般犯罪跌倒，以風調雨順、國泰民安作為信仰羣體前進的方向，然後冠以屬靈的解釋，視為上帝的祝福。

我有一位同事，忠心愛主，他有一次分享在神偉大的國度裏面，個人的成敗得失並不重要。可能他並沒有預算對我作勉勵，只不過將他平日事奉的原則自然地流露，我聽了覺得十分佩服。在這前輩的提醒底下，我開始學習用另一種眼光看自己在事奉過程中所遇到的掙扎。我發現原來其中有一些掙扎並不一定是外在的屬靈爭戰，而是內在的屬靈爭戰。很多時候，我們無法集中精神，用盡全力在工場為上帝爭戰，其中一個原因是我們自己的內心已經太多鬥爭。若果我們要事奉有力，首先要處理內心的衝突。其中一個重要的問題就是究竟我們以那位看不見的上帝，以祂神聖的誡命為最高原則，還是以事奉的效果作為指導方向呢？我們不是嫉妒別人的成功而貶低事奉有果效的益處，我們亦不是抱著「吃不到的葡萄是酸」的心理藐視成功的事奉。不過我們並不強求在我們的事奉中，可以為上帝完成多少驚世之作，或者在牧養教會的時候可以帶來驚人的增長。若果我們將這些想法放下，或許心中會得到一份安息的感覺。原來我們不必帶著壓力去事奉上帝，相反是成為蒙福的一個人，經歷罪得赦免，並且可以幫助別人經歷生命的更新與重整。

## 反思問題

1. 你從經歷內心善惡二律的鬥爭，如何了解人性呢？你如何依靠上帝面對真實的自己呢？
2. 你是否一個渴望表裏一致的人呢？在事奉上正直光明的形像背後，你如何處理自己的黑暗面呢？

# 23 平等交往

## 詩五十五 13

詩篇五十五篇可以分為四部分：一，1至2節；二，3至14節；三，15至19節；四，20至23節。在第一部分，詩人描述自己面對欺壓，在四面受敵的情況底下渴望像鴿子般長著翅膀尋找安息。詩人希望找到避難所。最令詩人痛苦的，加害於他的並非外邦的敵人，而卻是他的朋友。13節記載：「不料是你；你原與我平等，是我的同伴，是我知己的朋友！」詩人最感到難過的，就是朋友倒戈相向，14節描述：「我們素常彼此談論，以為甘甜；我們與羣眾在上帝的殿中同行。」原來令詩人受傷害的是有共同信仰的弟兄，彼此有美好的交通，有深厚的感情。我讀到13至14節的時候，我更加欣賞聖經的作者，非常有深度地描寫信仰的經歷。當我們思想團契生活意義的時候，我們不能美化人性的軟弱，亦不能過分浪漫地假設基督徒就會大公無私。

## 關懷心靈痛苦的肢體

我反思基督徒屬靈生命成長的難題的時候，發現大部分問題與性格問題有關。人的性格成長受父母性格的遺傳影響，環境的因素、教育的因素、朋友的因素、信仰的因素等等都塑造一個人待人處事的態度及方法。聖經形容人是罪人，只有依靠上帝的恩典，藉著信心接受主耶穌基督的拯救，才能獲得生命的改變。不過，我們在生命上的改變，未必是快速見效，可能是十分緩慢的。當我們信主後，熱心在教會事奉，我們亦會帶著舊有的價值觀與人合作。因此，我們可以從不同的途徑，聽到有關弟兄姊妹在教會事奉中與人合作上產生問題的消息。然而，我們不必隱藏內心的感受，亦不需要假裝內心沒有被傷害，因為教會是上帝的家，一家人可以有空間將內心的感受分享。

當我參與神學教育工作的時候，發現有牧者及傳道人在教會事奉中有被傷害的感受。我們不能單方面作出判斷，究竟誰是誰非，事情是錯綜複雜的。不過，上帝差遣主耶穌基督降世，目的是拯救罪人。因此，我們有責任關心那些心靈被痛苦圍困的肢體。魔鬼攻擊教會的有力方法是將牧者傳道的事奉心志打沉，讓事奉上帝的人終日被不滿、憤怒、仇恨控制，無法騰出心靈空間尋找靈命更新，沒有心力去禱告，沒有積極的事奉動力。

久而久之，牧者就變得散漫，無精打采。我們必須醒覺，幫助一位牧者重新得力，走出心靈的幽谷，無形中是幫助教會及眾弟兄姊妹。所以，弟兄姊妹需要有心理準備，當牧者及傳道人遇到挫折，在事奉上經歷被傷害的時候，我們需要了解及包容，以體諒的態度關懷肢體，為上帝的國度扶助上帝的僕人，使灰心的人重新得力，重新領受異象與能力。

## 求主消除報復的心

15至19節是一段向上帝呼求的祈禱。對於舊約聖經的時代的人來說，「以牙還牙，以眼還眼」是十分合理的，所以詩人向上帝呼求，希望上帝重重懲罰惡人，甚至咒詛惡人死亡。當我們讀這些經文的時候，可以體會詩人的心境：詩人是遭受極大的心靈創傷，承受很大的磨練。詩人自然期望上帝有公平的裁判，並會覺得自己是最無辜受害的一位。若果一個受傷害的人要報復洩憤，極可能成為可怕的惡人。人的心態就是要加倍的報復，所以當人有報復的心態，就會陷入一個互相報復的循環。我們實在需要小心，千萬不要讓仇恨佔據我們的心。

## 上帝的靈醫治

對於基督徒來說，十字架福音要求我們不單愛那些可愛的人，而是要愛那些可憎的人。愛一個人並不表示認同他的行為。

我們可以反對他人的行為，卻以愛心對待他。我們應該調校自己的心態，仰望上帝的拯救，盼望上帝聆聽我們的哀聲。我們可以向上帝陳述苦況，祈求上帝憐憫。或者有人會發出疑問，為甚麼基督徒亦會遭遇逼害，甚至被信主的人逼迫呢？其實，上帝沒有應許信主後就一帆風順，亦沒有承諾屬主的人沒有痛苦。主耶穌基督亦是被門徒出賣，教會歷史裏亦有不少類似的事件。

我們要明白十字架道路包括痛苦和傷心。在傷痛之中，上帝的靈施行醫治拯救的工作，使人在深淵中走出來。有人形容主耶穌是「受傷的治療者」，祂受創傷，使我們得醫治。主耶穌基督承受創傷，卻成為世人的拯救。當我們思想主耶穌基督的榜樣的時候，我們會發現主耶穌基督默默地告訴我們一個信息，就是你所承受的創傷並不比祂的嚴重，你所承擔的擔子不及祂的沉重。同時，主耶穌基督願意為我們肩負其他的重擔。所以，我們可以坦然無懼地來到上帝面前求幫助，使我們經歷心靈釋放。

## 聖靈的更新使人平靜

近年華人教會出現「心靈釋放」、「內在醫治」的觀念，不過不同的人有不同的理解。我覺得「心靈釋放」並不一定是純粹激動地渲洩自己的情緒，亦不一定熱淚盈眶，相反可以是進入一種內在平安的狀態。有些時候，當我們的激情消失之後，會感覺更嚴重的失落感。因此，人會不斷追尋更激情的高峯經驗。

我覺得聖靈的更新，可以使人心境歸於平靜、安然自處、不必自怨自艾、欣然接納上帝所賜的生命歷程。當我們嚮往平靜釋然的境界的時候，並不表示我們進入逃避人羣、不問世事、自我封閉的狀態。當一個人有足夠的心靈空間的時候，才會有承擔別人心靈擔子的空間。當人有平和的心，才能設身處地為別人著想，站在別人的角度思考問題。所以，「心靈釋放」可以由靜態開始，然後進入行動，例如在換另一個角度想通問題後，勇敢地走出一步，與有關的人友善地溝通。「心靈釋放」會產生復和行動。若果我們不斷封閉自己，重述自己受傷害的經歷，不斷以為透過激情的方法追求心靈釋放，其實根本沒有正視自己真正的問題。

## 結出屬靈的果子

我並非一個懼怕接觸內心感受的人，不過我要提醒弟兄姊妹，千萬別讓激情的宣洩方法強化我們受害者的形像。我們需要懇切向上帝呼求，祈求聖靈的更新與復興。聖靈的更新可以使人結出屬靈的果子，內心湧出仁愛、喜樂、和平、忍耐、恩慈、良善、溫柔、節制的德行。當我們的內心充滿愛的時候，就會感到有一股能力推動我們重新拾起信心，充滿火熱地事奉上帝。

「心靈釋放」、「內在醫治」確實是聖靈的工作，我們不必對聖靈工作有過分的恐懼。不過我們需要緊記，並非參加一兩次的「心靈釋放」或「內在醫治」的聚會，就可以徹底清理長期積累的問題。我建議大家主動聯絡教會的牧者傳道，讓他們成為你的屬靈導師，幫助你面對心靈的創傷。同時，我鼓勵大家閱讀詩篇，因為詩篇有不少哀歌，表達人在痛苦中仰望上帝，經歷上帝的拯救。

## 求上帝判斷是非

22至23節提醒我們說：「你要把你的重擔卸給耶和華，他必撫養你；他永不叫義人動搖。上帝啊，你必使惡人下入滅亡的坑；流人血、行詭詐的人必活不到半世，但我要倚靠你。」詩人最後學習將重擔交託上帝，他要追求公義公平，倚靠上帝。不過，他仍然有一種懲罰惡人的心態，這亦無可厚非。不過，我們基督徒應該緊記上帝的判斷是最公正的，或許從我們的角度來說，受苦獲得平反並不足夠，還是要惡人蒙羞、受罰。不過，我們應該求上帝憐憫，讓我們將眼光放在上帝的拯救上面，以致我們放下作審判官的角色。

## 平等交往

我會鼓勵弟兄姊妹首先以一種平等的心態對待每一個人。所謂平等，表示不隨便對人的善惡下判斷。雖然某人對我來說是惡人，不過他可以是一個好父母、好兒女、好的僕人、好的領袖。我要求上帝幫助我公平地衡量人的善惡。平等交往表示不輕易因人廢言，一個對我處處針鋒相對的人，他的言論可以有重要見地。當我感到憤憤不平的時候，亦要反問自己，是否能夠公平而全面地看事情。究竟我覺得別人處處針對自己的感受，有沒有事實根據呢？究竟問題是方法的差異、路線的分歧，還是理念的矛盾呢？若果對方言之成理的理據，我們亦不能單純以「陰謀論」解釋對方的立場。我們惟有求上帝憐憫，讓大家求同存異，彼此達致協調。同時，我們要時刻提醒自己，要以平等交往的態度與人合作，以服事人為自己的光榮，在服事人當中榮耀上帝。

## 反思問題

1. 你感到受傷的時候，是否以耶穌基督的愛面對呢？
2. 在遭受不公平對待的時候，你是否向上帝呼求呢？
3. 你是否深信上帝判斷是非呢？

# 24 各盡其職

## 西三 18~四 4

歌羅西書三章18節至四章4節講述夫妻、父子、主僕及信徒傳道之職。三章18至19節記載：「你們作妻子的，當順服自己的丈夫，這在主裏面是相宜的。你們作丈夫的，要愛你們的妻子，不可苦待她們。」保羅教導我們無論作丈夫，或者作妻子，都應該盡上責任，共同締造美好的婚姻。在猶太人的文化傳統中，女性的社會地位比男性低，丈夫是一家之主，是家庭的頭。猶太人認為婦女應該順服丈夫，才稱得上是賢德的婦人。

### 夫妻各盡其職

大家可能會認為二千年前猶太人的文化與今天的現代

文化不同。以香港為例，香港政府已經通過平等機會法案，強調男女性同樣具有平等的權利。事實上，香港社會教育普及，男女性同樣獲得專業訓練機會。有不少女性更成為機構或部門主管，在工作的環境擔任領導的角色。在這個現代處境裏面，究竟我們如何理解作妻子的應當順服丈夫的道理呢？其實，保羅在歌羅西書不單教導妻子要順服丈夫，同時教導丈夫要愛妻子。因此，保羅並非單方面要求妻子順服丈夫，而是要求夫妻雙方各盡其職，盡上自己的責任。

對於一個以男性為中心的社會來說，強調妻子順服丈夫是十分自然的，不過同時強調丈夫愛妻子的責任就並不尋常。根據猶太人口頭的律法傳統，丈夫有休妻的權利，除了妻子不忠的理由以外，還有當妻子煮的飯菜不好吃，也可以構成休妻的理由。若果將猶太人口頭律法傳統與保羅的教訓相比，保羅確實地肯定了女性的權利。若果我們留心讀歌羅西書三章19節：「你們作丈夫的，要愛你們的妻子，不可苦待他們。」保羅教訓作丈夫的不要苦待妻子，相信當時有不少猶太人苦待他們的妻子。保羅認為這並不合符基督徒的生活標準，因此作出批評。保羅在二千年前已經提出不可虐待妻子的教訓，在當時以男性為中心的猶太社會中，保羅的教訓亦十分驚人。今天，我們打開報章，會發現不少虐妻的個案，二千年後的今日，經過各方面的進步，可惜仍然有不少人比二千年前的保羅思想的封閉。

## 靠主愛克服自我

保羅強調妻子要順服丈夫，而丈夫要愛妻子。每一個年青人，都會想過尋找理想對象。雖然近年結婚人士的年齡不斷推遲，顯示愈來愈多人選擇遲婚，但是每一對新人都希望有一段美滿的婚姻。可惜近年離婚率不斷上升，表示現代人正需要關於婚姻的教導。可能很多人覺得，婚姻需要人教嗎？正如吃飯一樣，自然就會。不過事實並非如此，很多例子說明不少人根本還未懂得如何做一個人，雖然他們身體發育完成，但是心智尚未成熟，還未明白人生的責任。結婚以後，亦未學曉如何建立夫妻的共同理想和人生目標，有些人更不懂得如何與身邊的伴侶溝通，因此經常有人以性格不合為理由離婚。所以，婚姻生活需要認真學習，才能夠獲得美滿幸福的婚姻生活。

根據的我觀察和經驗，當人有基督的愛的時候，就能夠克服人的自私和自我。其實人很容易有自我中心的傾向，自私為自己。基督徒的信仰是以耶穌基督為主。主耶穌在十字架上的愛是無私的愛，祂以生命將真正的愛向世人宣示。真正的愛是以對方的好處為出發點，保羅教訓作丈夫的要愛妻子，意思是以妻子的好處為出發點。

作妻子的，如何表達對丈夫的愛呢？當然是以丈夫的好處為出發點，保羅以順服作為妻子對丈夫的愛的表達方法，實在反映當時猶太文化的色彩。

究竟順服是甚麼意思呢？是千依百順嗎？是不是丈夫任何一個意見都順服呢？我相信不是，實際上亦不是如此。我認為順服帶有尊重的意思。很多時候，夫妻會有不同的意見，大家經過多番討論以後，仍然意見分歧，在這個情況底下，總要作出一個決定。根據保羅的意見，丈夫是妻子的頭，所以遇上意見分歧，丈夫應該作最後決定。若果我們這樣理解妻子順服丈夫的意思，可能更加能夠欣賞保羅的獨身見解。

## 父子各盡其職

三章21教訓我們說：「你們作父親的，不要惹兒女的氣，恐怕他們失了志氣。」保羅在當時一個以男性及大家長為中心的社會，提出作父親的不要惹兒女的氣這種教訓，實在不簡單。保羅從來沒有貶低男性與及大家長的權威，不過他從基督徒的眼光剖析猶太文化，對大家長式文化作出修正的建議：作父親的，需要考慮兒女的感受。保羅基本上完全接受猶太文化中父母與兒女身分上的分別，並且肯定父親在家庭中的地位。既然妻子要順服丈夫，兒女當然要順服父親，這是十分明顯的。不過保羅提醒作父親的要考慮兒女的感受，在管教子女的事情上，不要單單考慮父親的權威，同時要兼顧子女在成長的過程中需要實踐自己的想法，實現自己的夢想。

## 主僕各盡其職

22至25節教訓我們說：「你們作僕人的，要凡事聽從你們肉身的主人，不要只在眼前事奉，像是討人喜歡的，總要存心誠實敬畏主。無論做甚麼，都要從心裏做，像是給主做的，不是給人做的，因你們知道從主那裏必得著基業為賞賜；你們所事奉的乃是主基督。那行不義的必受不義的報應；主並不偏待人。」保羅教訓我們在工作上如何與上司和下屬合作。作下屬的應該盡忠職守，不單以表面功夫討人喜歡，而是要以誠實敬畏主的心服事。因此，基督徒的工作觀不單是為人而作，更是為上帝而作。

在世俗社會，每個崗位都有工作範圍，不少人都會抱著「推得就推」的心態，將工作推落其他部門身上。當然這是工作分配的必然結果，每個部門都有職責範圍，不能越權插手其他部門的事。不過很多時候，人喜歡將一些介乎兩個部門之間的工作互相推辭，抱著「少做少錯」的心理，結果就變得官僚作風。政府部門往往如此，不少人工作的態度就是「無驚無險，又到五六點」，如事者排隊等退休。試問工作效率會如何，大家心裏有數。

作為基督徒，我們的工作態度，不單是取悅上司，而是取悅上帝；不是榮耀自己，而是榮耀上帝。一個盡責而沒有野心的人，在任何一個工作環境都會獲得成功。若果上司發現你工作熱誠、盡責使事情完成，心裏必然欣賞。當然有不少人的工作態度是「走精面」，希望透過人際關係的遊戲規則，「埋堆」建立勢力，藉此扶搖直上。但是基督徒卻不應該玩這種遊戲，基督徒的原則是誠實，我們待人以真誠，不會滿口奉承的說話，其實心裏是另一套。我們是就說是，不是就說不是。可能大家會說，在世俗社會很難持守基督徒的原則。不過大家有沒有想過，有原則的人才會獲得別人的尊重。同樣，我們與人合作，不會以佔人便宜為念，相反是誠實地合作，盡力完成自己的本分。

可能有人會問，若果基督徒在工作上持守誠實的原則，怎可以在商場立足？怎可以擔任領導工作？其實，上帝應許我們盡忠工作，必得賞賜，若果我們在世俗崗位上，抱著事奉主的態度工作，主必定有所賞賜。試想一想，若果我們抱著投機取巧的心理「搵快錢」，可能僥幸成功。不過並不表示每次都會成功，不少人在一日間變成一無所有。相反，一個踏實的人，勤力工作，以誠待人，處事公正，雖然發展比較慢，但是比較平穩。一個以誠實為人的主管，未必是一個最成功的領導人，不過他會是一個好的領導人。同樣，一個以誠實為原則的商人，或許他不是富商，但是他是一個可以信賴的商界人才。我們不能排除上帝有奇妙祝福的可能性。

## 公公平平地待僕人

保羅在四章1節指出：「你們作主人的，要公公平平地待僕人，因為知道你們也有一位主在天上。」提醒作主人的，要公公平平地待僕人，因為知道他們也有一位主在天上。保羅提醒作僱主與及作主管的人，在管理下屬的時候，要以公平的原則處理，在工作分配方面要公正。當同工表現出色的時候，應該有適當的鼓勵；在同工表現欠佳的時候，應該有適當的提點。特別在處理同工的工作表現方面，我們需要多方考慮，以致我們獲得一幅較全面的圖畫。在分析問題的時候，千萬別以耳代目，對於一切傳言，或者從其他而來的批評，應當審慎研究；在作出結論的時候，總要以愛心與公平作準則。

有些作主管的人喜歡與自己的親信合作，這是十分普遍的，不過在很多機構中，會強調整體的配合，按制度行事，而不是用人惟親。若果我們只喜歡與「自己人」合作，結果會在工作上製造小圈子文化，將同工分為「圈內人」與「圈外人」，最後就是那些感到自己是「圈外」的人才，掛冠而去。我們基督徒應該有大公無私的精神，與不同的人合作，以主的心腸與人共事，深信萬事有主的安排，無論我們在工作上任何的崗位，都以榮耀主名為大前題。

## 傳道者之工作

2至4節教訓我們說：「你們要恆切禱告，在此警醒感恩。也要為我們禱告，求上帝給我們開傳道的門，能以講基督的奧祕（我為此被捆鎖），叫我按著所該說的話將這奧祕發明出來。」保羅提醒傳道者的工作是恆切禱告、警醒感恩、熱切傳道。傳道者的首要任務是從禱告中支取力量，存著警醒的心感謝上帝，並且設法傳講上帝的福音。

一個傳道者能夠做的工作有限，而且人有很多限制和軟弱，所以我們要首先接納自己的軟弱。上帝給我的恩賜是關心別人，我就存感謝的心關心別人。很多時候，傳道者未必甘心接受自己的限制，這樣的事奉實在難以產生果效，亦難以被上帝接納。傳道者最大的考驗是心底裏的埋怨未能清理。有些人總是覺得自己懷才不遇，有些人覺得被人傷害，有些人覺得教會虧欠了他。無論是哪種理由，結果都是攔阻了我們對上帝的事奉。因此，傳道者首先要在禱告裏面求上帝幫助我們接納自己的限制，然後才可以得著聖靈的力量事奉上帝。

## 存感恩的心

保羅提醒傳道者要存感恩的心，不是無可奈何地事奉。當一個傳道者覺得事奉是無可奈何的時候，他就失去力量。一個蒙上帝使用的傳道者是敬業樂業，充滿感恩地事奉。踏上事奉的道路，基本上是付出多，回報少，這個是鐵一般的事實，因此我們不能靠自己去事奉，而是靠上帝去事奉。一個傳道者不會自誇自己的身分，同樣亦不會輕看自己的身分。世俗社會不會推崇傳道者，相反會推崇醫生、律師、會計師等。其實，神學也是一門專業，它的學術及專業要求絕對不會低於其他學科，作為一個傳道者要接觸不同的人，處理複雜的人生問題，他的貢獻實在不少。

## 祈求上帝打開傳道之門

保羅亦提醒我們要切切祈求上帝給我們打開傳道之門。一個傳道者需要有使命感，有遠象，並且切實地工作。在每一個時代，我們都有無數的機會傳福音，問題是我們是否願意投身傳道的工作。談到傳道，工作的方式就非常多，有在堂會裏面傳道，亦可以透過人與人之間的接觸傳道，亦可以透過文字工作傳道，亦可以透過音樂、藝術與及各種可能性傳達福音的信息。重要的是要用各種的方法傳揚福音，使人歸向上帝。若果我們要更有效地傳揚福音，首先要對聖經的真理了解，同時亦要了解時代的趨勢、現代人的價值觀，然後針對人拒絕福音的關鍵所在，作出有力的回應。

我十分相信神學教育對教會及信徒回應時代的挑戰有重要的幫助。其實，神學教育並不局限於神學院，在教會裏面的教育亦是一種神學教育，我們可以稱之為普及神學教育。教會的普及神學教育主要是訓練信徒認識聖經真理，與及增強事奉的能力。傳道者並非孤軍作戰地推動教會事工，而是與信眾一起推動教會的發展。當信徒得到適切的訓練以後，可以承擔更大的責任，推動更多工作。除了透過普及神學訓練，裝備信徒參與傳道工作以外，更重要的是推動信徒的祈禱運動。上帝的工作是依靠上帝的聖靈來推動。只有上帝的祝福，才可以為祂成就事工。保羅提醒我們若果我們希望上帝的工作得到推展，我們首先要禱告。求上帝賜我們願意裝備的心，然後是願意事奉的心，並且是對時代的發展有所洞悉，能夠有力地傳揚聖道。

## 反思問題

1. 你在家庭中是否履行丈夫妻子的責任呢？
2. 你在家庭中是否履行父母親的責任呢？
3. 你在工作中是否盡忠職守呢？

## 教會事工系列 伴您作多方面裝備，服事教會！

**親子敬拜樂園**
霍張佩斯 著／HK$108

**真誠的關係——發掘失落了的互為肢體之道**
***Authentic Relationship: Discover the Lost Art of "One Anothering"***
韋恩・雅各布森(Wayne Jacobsen)、克萊・雅各布森(Clay Jacobsen)著／陳永財 譯／HK$63

**佈道對談——在日常生活中談論上帝**
***Holy Conversation: Talking About God in Everyday Life***
理察・皮斯(Richard Peace)著／黃大業 譯／HK$68

**宣講中的聖經——生命更新的信仰記號**
***The Sign Language of Faith: Opportunities for Preaching Today***
戴歌德(Gerd Theissen)著／許子韻 譯／HK$83

**不可或缺的教會——重獲流失的一代**
***Essential Church? Reclaiming a Generation of Dropouts***
湯姆・雷納(Thom S. Rainer)、薩姆・雷納(Sam S. Rainer III)著／陳永財 譯／HK$88

**崇拜：歷久常新**
***Ancient-Future Worship: Proclaiming and Enacting God's Narrative***
韋柏(Robert E. Webber)著／陳永財 譯／HK$73

**聖經人物嘉年華——幼兒導師手記**
陳芝瑛 著／HK$88

**屬靈品格的建立——認識屬靈的操練、品格與價值觀**
郭鴻標 著／HK$68

**事奉生命的建立——認識事奉的態度、原則與恩賜**
郭鴻標 著／HK$73

**彩虹錦囊——培育積極喜樂的孩子**
邱陳潔雯 著／HK$83

## *Caring*系列 實踐信仰的關懷　共度人生的起伏

**與病患者同行——給關顧者的屬靈指引**
***Spiritual Care: A Guide for Caregivers***
朱迪斯．艾倫．謝利(Judith Allen Shelly)著／陳永財 譯／HK$73

**告別抑鬱——給患者及親友的幫助**
***Defeating Depression: Real Help for You and Those Who Love You***
霍華德．斯通(Howard W. Stone)著／陳永財 譯／HK$128

**妥善處理自殺個案**
***Suicide: Pastoral Responses***
洛倫．湯森(Loren L. Townsend)著／鄧英偉 譯／HK$68

**危而不亂——與病人及親屬面對倫理困境**
***Caring for Those in Crisis: Facing Ethical Dilemmas with Patients and Families***
肯尼斯．莫特拉姆(Kenneth P. Mottram)著／黃東英 譯／HK$73

**與癡呆症共舞——給患者與照顧者的分享及指引**
***Dancing with Dementia: My Story of Living Positively with Dementia***
克莉絲汀．伯頓(Christine Bryden)著／陳永財 譯／HK$78

**妥善處理抑鬱症**
***Coping with Depression***
陳善養(Siang-Yang Tan)、奧伯格(John Ortberg)著／明朗兒 譯／HK$48

**策略性牧養輔導——一個短期有系統的模式**
***Strategic Pastoral Counseling: A Short-Term Structured Model***
貝內爾(David G. Benner)著／陳永財 譯／HK$68

**怎能饒恕——策略性牧養輔導**
***Understanding and Facilitating Forgiveness***
羅伯特．哈維(Robert W. Harvey)、貝內爾(David G. Benner)著／陳永財 譯
HK$68

**癌病中的盼望——怎樣幫助癌症患者**
***Counseling People with Cancer***
珍．艾特雷—康頓(Jann Aldredge-Clanton)著／羅燕明 譯／HK$78

# 聖經導論叢書

一套高質素的原著作品，適合華人神學院和資深信徒使用的教材！

## 新約歷史與宗教文化導論

黃錫木、孫寶玲、張略 合撰／HK$93

在學習聖經的過程中，一般人都只專注於經卷的內容，而忽略了「聖經背景」的重要性，甚至認為它是可有可無的。然而，若要正確理解聖經經文所傳達的內容，我們必須從它們的處境出發。要成功地進入經文的世界，對經文的歷史和文化背景的認識是不可缺少的。全書分兩大部分：歷史篇遠溯至希羅文明的源頭，並介紹「兩約之間歷史」、「新約歷史」及「猶太散居地」。至於，宗教文化篇則分別介紹「新約世界的希羅宗教」和「猶太人的基本信念與實踐」，主要論及有關的宗教文化概念與神學思想。

## 福音書總論與馬可福音導論

黃錫木 編著／HK$83

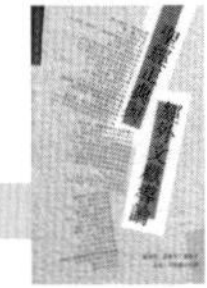

## 聖經正典與經外文獻導論

鮑維均、黃錫木 等著／HK$118

## 使徒行傳導論

袁天佑 著／HK$83

## 加拉太書導論

郭漢成 著／HK$63

## 啟示錄導論

吳獻章 著／HK$88

緊扣時代 服事教會

以文字傳揚基督真道

## 讀者意見表

衷心多謝你購買本社書籍。本社一直致力以出版事工服事教會，幫助信徒扎根於神的話語，促進靈命增長。為使我們的出版更能滿足你的需要，請填寫下列各項資料，並寄回或傳真予本社。

所購書籍：______________________________

本書最吸引你的地方：

□作者　□適切性　□文筆　□設計　□實用性

□其他：______________________________

購買本書地點：

□基道書樓　□基督教書店　□非基督教書店

性別：□男　□女　職業：____________________

信仰：□基督徒　□非基督徒

年齡：□ 16 歲或以下　□ 17～25 歲　□ 26～35 歲

□ 36～55 歲　□ 56 歲或以上

學歷：□中三或以下　□中五　□預科

□大學　□研究院

□我欲更多了解基道出版社的事工及考慮支持，請寄給我下列資料：

□機構簡介　□新書資料　□基道會員通訊

□《基道文字事工通訊》

姓名：____________________電話：____________________

地址：______________________________

______________________________

傳真：____________________電子郵件：____________________

其他意見：______________________________

______________________________

多謝賜教！

基道出版社

意見表可以傳真（2687-0281）或直接郵寄以下地址：
香港沙田火炭坳背灣街26號富騰工業中心1011室
基道出版社編輯部收